DER VERDACHT

Photograph : Claude Pandel

DER VERDACHT

BY

FRIEDRICH DÜRRENMATT

EDITED WITH AN INTRODUCTION,
NOTES AND A SKELETON VOCABULARY BY

LEONARD FORSTER

*Schröder Professor of German in the
University of Cambridge
and Fellow of Selwyn College*

MODERN WORLD LITERATURE SERIES

Nelson

Thomas Nelson and Sons Ltd
Nelson House Mayfield Road
Walton-on-Thames Surrey
KT12 5PL UK

Nelson Blackie
Wester Cleddens Road
Bishopbriggs
Glasgow G64 2NZ UK

Thomas Nelson (Hong Kong) Ltd
Toppan Building 10/F
22A Westlands Road
Quarry Bay Hong Kong

Thomas Nelson Australia
102 Dodds Street
South Melbourne
Victoria 3205 Australia

Nelson Canada
1120 Birchmount Road
Scarborough Ontario
M1K 5G4 Canada

First published by Harrap Limited 1974

ISBN 0-245-52225-5

This edition published by Thomas Nelson and Sons Ltd 1993

I(T)P Thomas Nelson is an International
Thomson Publishing Company.

I(T)P is used under licence.

ISBN 0-17-439808-5
NPN 9 8 7 6 5 4 3

Printed in Singapore

PREFATORY NOTE

I am glad of this opportunity to thank all who have helped me in preparing this edition. First of all my wife, who took much of the labour off my shoulders.

As on previous occasions, my debt to Trevor Jones of Jesus College, Cambridge, is considerable; it would have been much greater still but for the appearance of the first volume of *Harrap's Standard German and English Dictionary* under his editorship in 1963.

I am grateful to the publishers for allowing me to repeat here parts of the introduction to my edition of Dürrenmatt's *Der Richter und sein Henker*, which they published in 1962.

Thanks are also due to Monsieur Claude Pandel, Geneva, for the frontispiece portrait of the author; to Mr John Bradford for the photograph of Albrecht Dürer's woodcut *Ritter, Tod und Teufel*; and to the Foundation Johan Maurits van Nassau, Mauritshuis, The Hague, for supplying a photograph of Rembrandt's *The Anatomy Lesson of Dr Tulp* and allowing it to be reproduced.

I also wish to thank Charles Johnson who, as once before, is largely responsible for the Vocabulary.

L. W. F.

Selwyn College, Cambridge

CONTENTS

ILLUSTRATIONS

INTRODUCTION

Friedrich Dürrenmatt was born on January 5, 1921, in Konolfingen, a village in Canton Bern in Switzerland, as the son of a parson. He studied philosophy, literature and natural sciences at the Universities of Bern and Zürich, but finally gave up his studies without taking a degree. During those years he also drew and acted. Instead of a doctoral dissertation he wrote his drama *Es steht geschrieben*, which was performed at the Zürich Schauspielhaus in 1947, when he was twenty-six; the first night was distinguished by whistles and cat-calls rare in the Swiss theatre, but closed with convinced applause. This is perhaps characteristic of the way Dürrenmatt's other works too have been received—shocked opposition at the beginning, followed by appreciation and admiration. Of his nine stage plays to date, those by which he is best known abroad are *Der Besuch der alten Dame* (1956) and *Die Physiker* (1962). The first of these two was performed in London in 1960 after a long run on Broadway and an extensive tour throughout America, with Lynn Fontanne and Alfred Lunt, under the title of *The Visit*; the second had a successful run at the Aldwych Theatre in London in 1963, produced by Peter Brook. The main weight of Dürrenmatt's work is in his dramas, and he is generally recognised as the most important living dramatist writing in German. His only serious rival is another Swiss, Max Frisch, who, however, is equally at home in the novel. Dürrenmatt's novels are by-products ("Ich bin ein Sonntagsromancier," he said to me in 1961), and indeed most of his novels have been 'pot-boilers'. *Der Verdacht* is no exception; this is obvious from certain awkward sentences and careless slips in the text, which have been clarified in the notes to this edition.

It is the second of Dürrenmatt's three detective stories. It is the sequel to *Der Richter und sein Henker* (1950). *Das Versprechen* (1958) is the best of the three. *Der Verdacht* (1957), like *Der Richter und sein Henker*, originally appeared in monthly instalments in the illustrated *Schweizerischer Beobachter*, and Dürrenmatt said at the time, half jestingly, that he did not know from one instalment to the next what was going to happen in them. They are unorthodox detective stories by English standards; the principal interest is not in the question 'who committed the murder?' nor in the process of detection. Most detective stories are concerned with quite definite matters of right and wrong, legal and illegal action, and justice triumphs in the end. Dürrenmatt is much more interested in the question of good and evil, more still in evil itself. (Margery Allingham's *The Tiger in the Smoke* (1952) and some of Simenon's stories are parallels here.) Even in *Der Besuch der alten Dame*, which seems to be concerned entirely with justice in an acquisitive society, the 'old lady' herself incorporates a principle of evil which perverts justice. Characters who could be classed as 'Richter' and 'Henker' recur in his plays and stories; the two words run like a thread through *Der Verdacht*. Dürrenmatt has long been working on a novel to be called *Justiz*. Justice—and evil, for the two are linked. Without evil there would be no need for justice.

And so the real theme of his detective stories is the problem of primitive evil behind the façade of contemporary society. The man who can stand up to it and face it—*bestehen*, another important recurring word in *Der Verdacht*—is what Dürrenmatt elsewhere calls "der mutige Mensch." The weapon he has against it is justice. But as

William Gillis observes, "if man wants justice, he must pursue it, but more often than not the certain attainment of it is something he must leave to Heaven."[1] Man can operate only with human justice, which is necessarily fallible, not with absolute justice; if he arrogates absolute justice to himself, in the imperfect world in which we live, he becomes a monster. This is the theme of many of Dürrenmatt's plays (e.g., *Es steht geschrieben*, *Der Besuch der alten Dame* and *Die Ehe des Herrn Mississippi*).

Bärlach, the hero of the two linked stories *Der Richter und sein Henker* and *Der Verdacht*, is a "mutiger Mensch" who pursues justice and hunts down evil—in the earlier story incorporated in the international criminal Gastmann, in the later one in the sadistic surgeon Emmenberger. Bärlach, we are told, had spent much of his life in tracking down Gastmann, and finally gets him. The problem of Emmenberger, on the other hand, arises by chance, at a time when Bärlach is recovering from an operation for cancer and has only one more year to live, a moment when he might be forgiven for disregarding it and spending the months which remain to him in peaceful convalescence. But if man wants justice he must pursue it.

Emmenberger has "die Freiheit des Nichts," as the 'writer' says of Gastmann in *Der Richter und sein Henker*: "Bei ihm ist das Böse nicht der Ausdruck einer Philosophie oder eines Triebes, sondern seiner Freiheit: Der Freiheit des Nichts." Emmenberger, in the chapter 'Die Uhr,' tries to justify his position by a flood of high-sounding words, the essential of which is the passage (p. 145): "Es gibt keine Gerechtigkeit . . . es gibt nur die Freiheit, die nicht verdient werden kann . . . sondern die man sich nehmen muß. Die Freiheit ist der Mut zum Verbrechen, weil sie

[1] William Gillis, 'Dürrenmatt and the Detectives,' *The German Quarterly* (Appleton, Wisconsin), 1962.

selbst ein Verbrechen ist," and he goes on: "wenn ich mich außerhalb jeder Menschenordnung stelle, die unsere Schwäche errichtete, werde ich frei." He has placed himself outside the human order of things, he has reached an Archimedean point outside it which enables him even to treat himself as a stranger, he has achieved the height of power, the highest that man can hope to achieve: "eine mächtigere Position ist nicht mehr zu erreichen: sich diesen Punkt des Archimedes zu erobern, ist das höchste, was der Mensch erringen kann" (p. 147). This is Emmenberger's passionate belief; he is a fanatic and, like all fanatics, believes himself to be not merely outside the order of human society but above it.

The sort of freedom which Gastmann and Emmenberger possess is the inhuman freedom to treat human beings like chessmen (as the 'old lady,' Claire Zachanassian, does in *Der Besuch der alten Dame*) and thus, for instance, to commit a series of 'perfect crimes.' Against this Dürrenmatt sets the factors of human imperfection (there can be no 'perfect crime' in an imperfect world) and human unpredictability, the element of chance to which we are all exposed and which ensures that the criminal, however 'perfect' his crimes, will be tracked down, or will give himself away, in the end. (It is chance that Bärlach was looking at a three-year-old number of *Life* magazine in hospital, chance that Hungertobel recognised the face behind the surgeon's mask, chance that Gulliver happened to be in Bern. . . .) Gastmann believed "daß gerade die Verworrenheit der menschlichen Beziehungen es möglich mache, Verbrechen zu begehen, die *nicht* erkannt werden könnten." Emmenberger knows this is not so; he reckons with chance ("Ein indizienloses Verbrechen ist in dieser Welt des Zufalls unmöglich," p. 136), he believes in a world which is like a lottery, and as far as chance will take

Bärlach, Emmenberger can counter him, so that they each struggle in one another's nets; but Emmenberger is stronger. Emmenberger is a bigger man than Gastmann, and a more powerful incarnation of an evil principle. The human qualities which enabled Bärlach after forty years to track down Gastmann cannot prevail against Emmenberger. Some other force must be invoked.

This is the significance of the giant Gulliver, a figure who has no place in a scientific detective story in what one may call the Sherlock Holmes or even the Simenon tradition; he is more like something out of the theatre of the absurd, and one can imagine him in one or other of Dürrenmatt's plays. Gulliver has been Emmenberger's victim and has survived—he has in his way overcome Emmenberger and devoted the rest of his life to overcoming the Emmenbergers of this world wherever they may be found. It is tempting to try and identify him with a principle or power (e.g., the grace of God, "which passeth all understanding") but fruitless, though his huge stature might indicate that he is a representative of a higher humanity, just as the dwarf is a representative of subhumanity. He is a figure of fairy tale, the mysterious world of giants and dwarfs, unnameable evil and (sometimes) triumphant good. As Bärlach says (p. 41), "Ich liebe eben Märchen!"

It has often been pointed out that the detective story is a rationalised fairy tale. The detective, say some, "is the Fairy Godmother of the twentieth-century folk-myth, his magic capabilities only modified to the requirements of a would-be scientific and rational generation."[1] "In this fairy tale reality," say others, "two powers are contending,

[1] Nicholas Blake, himself the author of distinguished detective stories, in the introduction to Howard Haycraft, *Murder for Pleasure: the Life and Times of the Detective Story*, London, 1942.

and, just as happens in fairy tales, you know from the start which power is going to win. The prince-detective will see to it that good triumphs in the end, despite all difficulties. . . . The reader feels reassured, although (or precisely because) he knows that it is only in fairy tales that this sort of thing can happen."[1] The same authors point out that though giants and dwarfs are matters of course in ordinary fairy tales, they are taboo in detective stories. In Dürrenmatt's story it is not the detective who is the fairy godmother; he is the prince, who goes out into the dangerous world like the Knight in Dürer's etching (p. 107) or like 'Hänschen klein' in the nursery rhyme (p. 151), but he cannot see to it that good triumphs in the end. Here the place of the fairy godmother is taken by the giant and the dwarf, and the relation of the detective story with the fairy tale becomes apparent at a high level of irony. In the same way as Dürrenmatt parodies the conventions of the normal detective story in *Der Richter und sein Henker* and *Das Versprechen*, so he does here by other, more grotesque means. But just as his 'comedies' are bitterly serious, tragedies seen from a different angle, so his parody does not devalue but enhance. Gulliver is not only a fantastic fairy tale figure but also a concrete person, a *mutiger Mensch*, a real Jew who has suffered nameless tortures and who speaks for Dürrenmatt himself at the end of the book when he says what so often turns out to be the humane message of Dürrenmatt's plays (p. 156):

> Wir können als einzelne die Welt nicht retten. . . . Wir können nur im einzelnen helfen, nicht im gesamten, die Begrenzung des armen Juden Gulliver, die Begrenzung

[1] S. Dresden and S. Vestdijk, *Marionettenspel met de dood: over het wezen van de detective-story*, The Hague, 1957.

aller Menschen. So sollen wir die Welt nicht zu retten suchen, sondern zu *bestehen*.

But as he effortlessly bends asunder the iron bars across the window of the charnel-house sanatorium and the moon looms up behind him as though he was carrying a world on his shoulders, the reader feels a magical sense of release and liberation.

Emmenberger, as we have seen, is a fanatic of evil; he chooses his instruments, to whom we are successively introduced. First the dwarf, and later Dr Marlok, "die Subjekte, die ich mir aus Stutthof mitnahm" (p. 136); the very word *Subjekt* suggests that they are not so much subjects as objects—"ein entwürdigter Mensch gibt noch immer das zuverlässigste Instrument" says Emmenberger (p. 140). These are they who hoped to survive the world of the concentration camp by accepting its conditions and its values, and who, thanks to Emmenberger, have not been disappointed. The dwarf was never anything but subhuman and so is guiltless (p. 154), but Dr Marlok has been reduced to this level, her ideals shattered ("Mir sind die Menschen gleichgültig," p. 116), as she herself says: "eine geringe, tausendmal besudelte und entwürdigte Dienerin dieser Welt," who has come to believe that might is right, that we are eternally lost (p. 121), and that nothing matters.

Both the dwarf and Dr Marlok are Emmenberger's victims as well as his tools, and they are his tools because they are his victims. But what are we to think of Nurse Kläri Glauber? She is a tool but not a victim; on the contrary, she believes she has converted him, that his sins are forgiven and that he now kills out of love (p. 123). She, like Emmenberger, is a fanatic; she can see nothing outside her sectarian blinkers, and within them only what she wants to see. She is, after Emmenberger himself, the most horrifying character in the book, and with a few masterly strokes Dürrenmatt sketches here self-satisfied bigotry, which not only allows itself to be made use of for evil purposes without noticing that they are evil, but *believes* that they are good. (It is not for nothing that her surname is *Glauber*.) Dürrenmatt's word for this is *bieder* (see note to p. 107), and she is a monster, an *Ungeheuer an Biederkeit* (see p. 123), because she is a purblind fanatic who loses contact with human realities. She is allied to those characters in Dürrenmatt's plays who become monsters through their fanatical devotion to an absolute (e.g., Mississippi in *Die Ehe des Herrn Mississippi*). She has become "ein gemütlicher Henker" (p. 104) without even realising it. Unlike the dwarf and Dr Marlok, she is a Swiss; unlike them, she has been subjected to no external pressures or temptations in concentration camps or elsewhere; there is no conceivable excuse for her; she is just one of the alarming possibilities of human nature. She is only one step removed from the even more alarming (and equally *bieder*) Frau Schrott in *Das Versprechen*, and not many steps beyond her is the mad psychiatrist Dr Mathilde von Zahnd in *Die Physiker*.

Emmenberger's evil potentialities, like Nurse Kläri's, are spontaneous.[1] Not for him the excuse of Adolf Eichmann and so many others in real life, that they acted under orders or under the compulsion of an inhuman system. Emmenberger as a Swiss was not subject to the Nazi system; he *volunteered* for service in the death camps of a foreign power. The evil which he represents is not confined to one place, nation or system, but is anchored in human nature itself; when it is suppressed in one place it

[1] The figure of Emmenberger points forward to another sadistic concentration camp doctor who has "die Freiheit des Nichts," the nameless 'Doktor' in Rolf Hochhuth's play *Der Stellvertreter* (1963).

will burst out like leprosy in another (p. 64), and men themselves even desire it. As Dr Marlok says (p. 119):

> Alles, was Emmenberger in Stutthof tat . . . das tut er nun auch hier, mitten in der Schweiz, mitten in Zürich, unberührt von der Polizei, von den Gesetzen dieses Landes, ja, sogar im Namen der Wissenschaft und der Menschlichkeit; unbeirrbar gibt er, was die Menschen von ihm wollen: Qualen, nichts als Qualen.

And when Bärlach protests: "Man muß diesen Menschen vernichten!" she replies: "Dann müssen Sie die Menschheit vernichten."

Dürrenmatt makes Bärlach distinguish clearly, to Emmenberger's face, between *Versuchte* and *Verschonte* (p. 100), those who had been exposed to temptation and those who had been mercifully spared it. He wrote his novel in 1951 in the first place for his own countrymen, who were *Verschonte* ("Da gehören denn wir Schweizer, Sie und ich, zu den Verschonten, was eine Gnade ist," p. 100) and inclined to forget it. In *Der Richter und sein Henker* his evil figure was also a Swiss, and the novel was set in Swiss surroundings with much local colour. But beside Emmenberger Gastmann is pallid; we are left in the dark about Gastmann's crimes: there is no doubt about Emmenberger's, which are of a kind which most Swiss liked to think were impossible in Switzerland and which most Britons think are impossible in Britain. One of the 'messages' of *Der Verdacht* is: it is absurd to maintain that 'it can't happen here,' and this goes of course for other countries than Switzerland. "Was in Deutschland geschah," says Bärlach, "geschieht in jedem Land, wenn gewisse Bedingungen eintreten" (p. 100). And so there is little local colour in *Der Verdacht*: the story takes place in two sanatoriums, and sanatoriums are much the same the world over. There is little local colour; but at a deeper level there is a wealth of concealed local reference, all pointing in one direction, close to Dürrenmatt himself, who in this indirect way betrays his involvement with the problem he is dealing with.

Emmenberger is not only a Swiss, not only a Bernese; he has, like Nurse Kläri Glauber, a revealing name. As the word *Berg* is automatically associated with *Tal*, so Emmenberger's name at once conveys the association with the Emmental, a rural valley in Canton Bern, celebrated not only for its cheese but as the scene of *Die schwarze Spinne* and most of the other stories of the classic Swiss novelist Jeremias Gotthelf (1797–1854), who for a great part of his life was a parson in this valley.[1] It is one of the heart-lands of Switzerland, and no Swiss could miss the reference. (It is worth noticing in passing that Gastmann's two henchmen in *Der Richter und sein Henker* are also said to come from the Emmental.) But the Emmental is also a home of religious sectarianism (p. 123), and it is from here that Nurse Kläri comes; her native village is pinpointed for us: "Biglen an der Eisenbahnlinie Burgdorf–Thun" (p. 105). On the same railway line, no more than five miles away, is Konolfingen, where Dürrenmatt himself was born—he too comes from the Emmental. Nor could any Swiss reader who looked below the surface miss the implied ironic contrast to a well-known Swiss song in the Bernese dialect (by Christian Wiedmer, d. 1857), which is still much sung:

> Niene geit's so schön u lustig
> Wie daheim im Ämmetal,
> Dert ist allergattig Rustig,

[1] See H. M. Waidson, *Jeremias Gotthelf; an Introduction to the Swiss Novelist*, Oxford (Blackwell), 1953.

Daß eim schwär wird die Uswahl:
Manne het es ehrefesti,
Wiber brav u hübscher Art. . . .

Nirgends geht es so schön und lustig [zu], wie daheim
im Emmental; dort ist allerhand Schönes, daß einem die
Auswahl schwer wird. Es gibt ehrenfeste Männer, brave
und sanfte Frauen. . . .

Schön and *lustig*, honest men and gentle women, Emmenberger and Schwester Kläri. . . .

Gotthelf with *Die schwarze Spinne* had created a match-
less symbol of primitive evil in the Emmental, present
everywhere and bursting through as soon as order and
piety slacken; but the agency through which it first comes
is a foreigner—Christine, *die Lindauerin* (Lindau is in
Germany). Dürrenmatt has located evil incarnate and
stupid self-satisfaction in his and his fellow-countrymen's
very own backyard. It took some courage to say this sort
of thing, even in this indirect way, in the Switzerland of
1951 (as it would in Britain a dozen years later).

Ulrich Fortschig is not a fair representative of Swiss
literary life in 1948; he is one of Dürrenmatt's caricatures.
But he has honesty, though it is misdirected; there are
things he will not deny, such as his views about Goethe's
Faust, and his one-man journal is grotesquely reminiscent
of the Viennese Karl Kraus with his famous one-man
journal, *Die Fackel* (1899–1936).[1] He realises what is going
on in the outside world without visualising it; he can
thunder away about Switzerland, "wo man immer noch
vom Raunen der Seele dichtet, wenn ringsum die ganze
Welt zusammenkracht" (p. 81), but his concerns, genuine
though they are, are shown to be purely personal and
provincial, a mere superficial parody of the basic horror

---

[1] See Erich Heller, *The Disinherited Mind*, Cambridge, 1952, p. 183ff.

which Gulliver and Bärlach are fighting, all the more
effective for the way he uses the same terminology as they
(see notes to p. 79 ff). Bärlach, the incarnation of all that
is best in the Swiss character, makes this clear to him.
None the less, his criticisms of what it means to be a writer
in Switzerland are recognised by Swiss critics of Dürrenmatt to have force.

In *Der Richter und sein Henker* the 'writer' observes to
Bärlach that he too is a kind of policeman: "es sei auch
sein Beruf, den Menschen auf die Finger zu sehen." The
parallelism is brought out implicitly in *Der Verdacht* too,
though the parallel is not between Bärlach and Fortschig.
"Ein Kriminalist hat die Pflicht, die Wirklichkeit in Frage
zu stellen," says Bärlach (p. 69). This is almost exactly
what Dürrenmatt says elsewhere about the function of the
writer, and particularly of the dramatist, in our time.
Small wonder that his pot-boilers take the form of detective stories.

There is one feature of the language of this story which
calls for special comment. Swiss German is particularly
liberal in its use of the subjunctive in indirect speech and
Dürrenmatt has carried this feature over into his narration
as well as his dialogue. A few instances have been com-
mented on in the notes, but as they are a distinctive feature
of the style of the book it was not possible to comment on
them all; the abrupt change from direct to indirect speech
and the sudden appearance of sentences of indirect speech
in the middle of narrative passages are particularly characteristic; readers are advised to watch the mood of main
verbs, otherwise some of the flavour of the story is lost, and
to consult frequently the very illuminating chapters on the
subjunctive in F. J. Stopp's *Manual of Modern German*
(University Tutorial Press, 2nd ed., 1960), especially

Chapter L, 'The Subjunctive of Indirect Speech, and of Probability.'

Dürrenmatt's plays and novels have been much discussed in Switzerland and outside. The following books about him have appeared:

HANS BÄNZIGER: *Frisch und Dürrenmatt*. Francke Verlag, Bern and Munich, 1960.

ELISABETH BROCK-SULZER: *Friedrich Dürrenmatt: Stationen seines Werkes*. Verlag der Arche, Zürich, 1960.

WERNER OBERLE AND OTHERS: *Der unbequeme Dürrenmatt*. Basilius Presse, Basel and Stuttgart, 1962.

HANS MAYER: *Dürrenmatt und Frisch: Anmerkungen*. Verlag Günther Neske, Pfullingen, 1963.

An English translation of *Der Verdacht* by Eva H. Morreale under the title of *The Quarry* was published by Jonathan Cape in 1962; it had previously been published in New York.

Two articles may be found helpful, though neither of them deals explicitly with *Der Verdacht*:

PETER JOHNSON: 'Grotesqueness and Injustice in Dürrenmatt,' *German Life and Letters* (Oxford), vol. XV, July 1962 (suggestive).

WILLIAM GILLIS: 'Dürrenmatt and the Detectives,' *The German Quarterly* (Appleton, Wisconsin), vol. XXXV, January 1962 (very sketchy).

LIST OF DÜRRENMATT'S MAIN WORKS TO DATE

1947   *Es steht geschrieben*. Stage Play.
1948   *Der Blinde*. Stage Play.
1949   *Romulus der Große*. Stage Play.

1950 *Der Richter und sein Henker.* Novel.
1952 *Der Verdacht.* Novel.
      Die Ehe des Herrn Mississippi. Stage Play.
      Die Stadt. Prose Sketches.
      Stranitzky und der Nationalheld. Radio Play.
1953 *Ein Engel kommt nach Babylon.* Stage Play.
1954 *Herkules und der Stall des Augias.* Radio Play.
      Theaterprobleme. Theoretical Writing.
1955 *Grieche sucht Griechin.* Novel.
1956 *Der Besuch der alten Dame.* Stage Play.
      Abendstunde im Spätherbst. Radio Play.
      Die Panne. Story.
1958 *Das Versprechen.* Novel.
1959 *Frank der Fünfte.* Opera.
1960 *Vortrag über Schiller.* Lecture.
1962 *Die Physiker.* Stage Play.
1963 *Herkules und der Stall des Augias.* Stage Play.

Most of Dürrenmatt's works have been published either
by the Verlag der Arche, Zürich, or the Benziger Verlag,
Einsiedeln and Cologne. In 1957 he published a collected
volume of plays under the title of *Komödien I* (Verlag der
Arche). *Der Besuch der alten Dame* has appeared in a school
edition (Houghton Mifflin, Boston, Mass., and Methuen,
London, 1961); so too have *Der Richter und sein Henker*
(Harrap, 1962) and *Romulus der Große* (Methuen, 1962).

ERSTER TEIL

Note

*An asterisk in the text denotes that
the word, phrase, or passage so marked
is dealt with in the Notes beginning
on page 159.*

Bärlach war anfangs November 1948 ins Salem*
eingeliefert worden, in jenes Spital, von dem aus man die
Altstadt Berns mit dem Rathaus sieht. Eine Herzattacke*
schob den dringend gewordenen Eingriff* zwei Wochen
hinaus. Als die schwierige Operation unternommen
wurde, verlief sie glücklich, doch ergab der Befund jene
hoffnungslose Krankheit,* die man vermutete. Es stand
schlimm um* den Kommissär.* Zweimal schon hatte sein
Chef, der Untersuchungsrichter* Lutz, sich mit dessen
Tod abgefunden,* und zweimal durfte er neue Hoffnung
schöpfen, als endlich kurz vor Weihnachten die Besserung
eintrat. Über die Feiertage* schlief zwar der Alte noch,
aber am siebenundzwanzigsten, an einem Montag, war
er munter und schaute sich alte Nummern der amerikanischen Zeitschrift ‚Life‘ aus dem Jahre fünfundvierzig an.

„Es waren Tiere,* Samuel“, sagte er, als Dr. Hungertobel in das abendliche Zimmer trat, seine Visite* zu machen, „es waren Tiere“, und reichte ihm die Zeitschrift.*
„Du bist Arzt und kannst es dir vorstellen. Sieh dir dieses
Bild aus dem Konzentrationslager Stutthof* an! Der
Lagerarzt Nehle führt an einem Häftling eine Bauch-
operation ohne Narkose durch und ist dabei photographiert worden.“

Das hätten die Nazis manchmal getan, sagte der Arzt
und sah sich das Bild an, erbleichte jedoch, wie er die
Zeitschrift schon weglegen wollte.*

„Was hast du denn?“ fragte der Kranke verwundert.

Hungertobel antwortete nicht sofort. Er legte die auf-
geschlagene Zeitschrift auf Bärlachs Bett, griff in die rechte
obere Tasche seines weißen Kittels und zog eine Hornbrille hervor, die er — wie der Kommissär bemerkte —
sich etwas zitternd aufsetzte; dann besah er sich das Bild
zum zweiten Mal.

„Warum ist er denn so nervös?"* dachte Bärlach.

„Unsinn", sagte endlich Hungertobel ärgerlich und legte die Zeitschrift auf den Tisch zu den anderen. „Komm, gib mir deine Hand. Wir wollen nach dem Puls sehen."

Es war eine Minute still. Dann ließ der Arzt den Arm seines Freundes fahren und sah auf die Tabelle* über dem Bett.

„Es steht gut mit dir, Hans."

„Noch ein Jahr?"* fragte Bärlach.

Hungertobel wurde verlegen. „Davon wollen wir jetzt nicht reden", sagte er. „Du mußt aufpassen und wieder zur Untersuchung kommen."*

Er passe immer auf, brummte der Alte.

Dann sei es ja gut, sagte Hungertobel, indem er sich verabschiedete.

„Gib mir doch noch das ‚Life' ", verlangte der Kranke scheinbar gleichgültig. Hungertobel gab ihm eine Zeitschrift vom Stoß, der auf dem Nachttisch lag.

„Nicht die", sagte der Kommissär und blickte etwas spöttisch nach dem Arzt: „Ich will jene, die du mir genommen hast. So leicht komme ich nicht von einem Konzentrationslager los."

Hungertobel zögerte einen Augenblick, wurde rot, als er Bärlachs prüfenden Blick auf sich gerichtet sah, und gab ihm die Zeitschrift. Dann ging er schnell hinaus, so als sei ihm etwas unangenehm. Die Schwester* kam. Der Kommissär ließ die anderen Zeitschriften hinaustragen.

„Die nicht?" fragte die Schwester und wies auf die Zeitung, die auf Bärlachs Bett lag.

„Nein, die nicht", sagte der Alte.

Als die Schwester gegangen war, schaute er sich das Bild von neuem an. Der Arzt, der das bestialische Experiment ausführte, wirkte in seiner Ruhe götzenhaft.* Der größte

Teil des Gesichts war durch den Nasen- und Mundschutz*
verdeckt.

Der Kommissär versorgte die Zeitschrift in seiner
Nachttischschublade und verschränkte die Hände hinter
dem Kopf. Er hatte die Augen weit offen und sah der
Nacht zu, die immer mehr das Zimmer füllte. Licht
machte er nicht.

Später kam die Schwester und brachte das Essen. Es
war immer noch wenig und Diät: Haferschleimsuppe.
Den Lindenblütentee,* den er nicht mochte, ließ er stehen.
Nachdem er die Suppe ausgelöffelt hatte, löschte er das
Licht und sah von neuem in die Dunkelheit, in die
immer undurchdringlicheren Schatten.

Er liebte es, die Lichter der Stadt durchs Fenster fallen
zu sehen.

Als die Schwester kam, den Kommissär für die Nacht
herzurichten, schlief er schon.

Am Morgen um zehn kam Hungertobel.

Bärlach lag in seinem Bett, die Hände hinter dem Kopf,
und auf der Bettdecke lag die Zeitschrift aufgeschlagen.
Seine Augen waren aufmerksam auf den Arzt gerichtet.
Hungertobel sah, daß es das Bild aus dem Konzentrationslager war, das der Alte vor sich hatte.

„Willst du mir nicht sagen, warum du bleich geworden
bist wie ein Toter, als ich dir dieses Bild im ‚Life' zeigte?"
fragte der Kranke.

Hungertobel ging zum Bett, nahm die Tabelle herunter,
studierte sie aufmerksamer denn gewöhnlich und hängte
sie wieder an ihren Platz. „Es war ein lächerlicher Irrtum, Hans", sagte er. „Nicht der Rede wert."*

„Du kennst diesen Doktor Nehle?" Bärlachs Stimme
klang seltsam erregt.

„Nein", antwortete Hungertobel. „Ich kenne ihn nicht.
Er hat mich nur an jemanden erinnert."

Die Ähnlichkeit müsse groß sein, sagte der Kommissär.

Die Ähnlichkeit sei groß, gab der Arzt zu und schaute sich das Bild noch einmal an, von neuem beunruhigt, wie Bärlach deutlich sehen konnte. Aber die Photographie zeige auch nur die Hälfte des Gesichts. Alle Ärzte glichen sich beim Operieren, sagte er.

„An wen erinnert dich denn diese Bestie?"* fragte der Alte unbarmherzig.

„Das hat doch alles keinen Sinn!" antwortete Hungertobel. „Ich habe es dir gesagt, es muß ein Irrtum sein."

„Und dennoch würdest du schwören, daß er es ist, nicht wahr, Samuel?"

Nun ja, entgegnete der Arzt. Er würde es schwören, wenn er nicht wüßte, daß es der Verdächtige nicht sein könne. Sie sollten diese ungemütliche Sache jetzt lieber sein lassen. Es tue nicht gut,* kurz nach einer Operation, bei der es auf Tod und Leben gegangen sei, in einem alten ‚Life' zu blättern. Dieser Arzt da, fuhr er nach einer Weile fort und beschaute sich das Bild hypnotisiert von neuem, könne nicht der sein, den er kenne, weil der Betreffende während des Krieges in Chile gewesen sei. Also sei das Ganze Unsinn, das sehe doch ein jeder.

„In Chile, in Chile", sagte Bärlach. „Wann ist er denn zurückgekommen, dein Mann, der nicht in Frage kommt, Nehle zu sein?"

„Fünfundvierzig."

„In Chile, in Chile", sagte Bärlach von neuem. „Und du willst mir nicht sagen, an wen dich das Bild erinnert?"

Hungertobel zögerte mit der Antwort. Die Angelegenheit war dem alten Arzt peinlich.

„Wenn ich dir den Namen sage, Hans", brachte er endlich hervor, „wirst du Verdacht gegen den Mann schöpfen."

„Ich habe gegen ihn Verdacht geschöpft", antwortete
der Kommissär.

Hungertobel seufzte. „Siehst du, Hans", sagte er, „das
habe ich befürchtet. Ich möchte das nicht, verstehst du?
Ich bin ein alter Arzt und möchte niemandem Böses getan
haben.* Dein Verdacht is ein Wahnsinn. Man kann
doch nicht auf eine bloße Photographie hin einen Menschen einfach verdächtigen, um so weniger, als das Bild
nicht viel vom Gesicht zeigt. Und außerdem war er in
Chile, das ist eine Tatsache."

Was er denn dort gemacht habe, warf der Kommissär
ein.

Er habe in Santiago eine Klinik* geleitet, sagte Hungertobel.

„In Chile, in Chile", sagte Bärlach wieder. Das sei ein
gefährlicher Kehrreim* und schwer zu überprüfen.
Samuel habe recht, ein Verdacht sei etwas Schreckliches
und komme vom Teufel.

„Nichts macht einen so schlecht wie ein Verdacht", fuhr
er fort, „das weiß ich genau, und ich habe oft meinen
Beruf verflucht. Man soll sich nicht damit einlassen.*
Aber jetzt haben wir den Verdacht, und du hast ihn mir
gegeben. Ich gebe ihn dir gern zurück, alter Freund,
wenn auch du deinen Verdacht fallen läßt; denn du bist
es, der nicht von diesem Verdacht loskommt."

Hungertobel setzte sich an des Alten Bett. Er schaute
hilflos nach dem Kommissär. Die Sonne fiel in schrägen
Strahlen durch die Vorhänge ins Zimmer. Draußen war
ein schöner Tag, wie oft in diesem milden Winter.

„Ich kann nicht", sagte der Arzt endlich in die Stille
des Krankenzimmers hinein: „Ich kann nicht. Gott soll
mir helfen, ich bringe den Verdacht nicht los.* Ich kenne
ihn zu gut. Ich habe mit ihm studiert, und zweimal war
er mein Stellvertreter.* Er ist es auf diesem Bild. Die

Operationsnarbe über der Schläfe ist auch da. Ich kenne sie, ich habe Emmenberger selbst operiert."*

Hungertobel nahm die Brille von der Nase und steckte sie in die rechte obere Tasche. Dann wischte er sich den Schweiß von der Stirne.

„Emmenberger?" fragte der Kommissär nach einer Weile ruhig. „So heißt er?"

„Nun habe ich es gesagt", antwortete Hungertobel beunruhigt. „Fritz Emmenberger."

„Ein Arzt?"

„Ein Arzt."

„Und lebt in der Schweiz?"

„Er besitzt die Klinik Sonnenstein auf dem Zürichberg",* antwortete der Arzt. „Zweiunddreißig* wanderte er nach Deutschland aus und dann nach Chile. Fünfundvierzig kehrte er zurück und übernahm die Klinik. Eines der teuersten Spitäler der Schweiz", fügte er leise hinzu.

„Nur für Reiche?"

„Nur für Schwerreiche."*

„Ist er ein guter Wissenschafter,* Samuel?" fragte der Kommissär.

Hungertobel zögerte. Es sei schwer auf seine Frage zu antworten, sagte er: „Er war einmal ein guter Wissenschaftler, nur wissen wir nicht recht, ob er es geblieben ist. Er arbeitet mit Methoden, die uns fragwürdig vorkommen müssen. Wir wissen von den Hormonen, auf die er sich spezialisiert hat, noch herzlich wenig,* und wie überall in Gebieten, die sich die Wissenschaft zu erobern anschickt, tummelt sich allerlei herum.* Wissenschaftler und Scharlatane, oft beides in einer Person. Was will man, Hans? Emmenberger ist bei seinen Patienten beliebt, und sie glauben an ihn wie an einen Gott. Das ist ja das Wichtigste, scheint mir, für so reiche Patienten, denen auch die Krankheit ein Luxus sein soll; ohne Glauben geht es nicht; am wenigsten bei den Hormonen. So hat er eben seine Erfolge, wird verehrt und findet sein Geld. Wir nennen ihn denn ja auch den Erbonkel —.''*

Hungertobel hielt plötzlich mit Reden inne,* als reue es ihn, Emmenbergers Übernamen* ausgesprochen zu haben.

,,Den Erbonkel. Wozu diesen Spitznamen?''* fragte Bärlach.

Die Klinik habe das Vermögen vieler Patienten geerbt, antwortete Hungertobel mit sichtlich schlechtem Gewissen. Das sei dort so ein wenig Mode.

,,Das ist euch Ärzten also aufgefallen!''* sagte der Kommissär.

Die beiden schwiegen. In der Stille lag etwas Unausgesprochenes, vor dem sich Hungertobel fürchtete.

,,Du darfst jetzt nicht denken, was du denkst'', sagte er plötzlich entsetzt.

,,Ich denke nur deine Gedanken'', antwortete der Kommissär ruhig. ,,Wir wollen genau sein. Mag es auch ein Verbrechen sein, was wir denken, wir sollten uns nicht vor unseren Gedanken fürchten. Nur wenn wir sie vor unserem Gewissen auch zugeben,* vermögen wir sie zu überprüfen und, wenn wir unrecht haben, zu überwinden. Was denken wir nun, Samuel? Wir denken: Emmenberger zwingt seine Patienten mit den Methoden, die er im Konzentrationslager Stutthof lernte, ihm das Vermögen zu vermachen, und tötet sie nachher.''

,,Nein'', rief Hungertobel mit fiebrigen Augen: ,,Nein!'' Er starrte Bärlach hilflos an. ,,Wir dürfen das nicht denken! Wir sind keine Tiere!'' rief er aufs neue und erhob sich, um aufgeregt im Zimmer auf und ab zu gehen, von der Wand zum Fenster, vom Fenster zum Bett.

,,Mein Gott'', stöhnte der Arzt, ,,es gibt nichts Fürchterlicheres als diese Stunde.''

„Der Verdacht", sagte der Alte in seinem Bett, und dann noch einmal unerbittlich: „Der Verdacht."

Hungertobel blieb an Bärlachs Bett stehen: „Vergessen wir dieses Gespräch, Hans", sagte er. „Wir ließen uns gehen. Freilich, man liebt es manchmal, mit Möglichkeiten zu spielen. Das tut nie gut. Kümmern wir uns nicht mehr um Emmenberger. Je mehr ich das Bild ansehe, desto weniger ist er es, das ist keine Ausrede. Er war in Chile und nicht in Stutthof, und damit ist unser Verdacht sinnlos geworden."

„In Chile, in Chile", sagte Bärlach, und seine Augen funkelten gierig nach einem neuen Abenteuer. Sein Leib dehnte sich, und dann lag er wieder unbeweglich und entspannt, die Hände hinter dem Kopf.

„Du mußt jetzt zu deinen Patienten gehen, Samuel", meinte er nach einer Weile. „Die warten auf dich. Ich wünsche dich nicht länger aufzuhalten. Vergessen wir unser Gespräch, das wird am besten sein, da hast du recht."

Als Hungertobel sich unter der Türe noch einmal mißtrauisch zum Kranken wandte, war der Kommissär eingeschlafen.

Das Alibi

Am andern Morgen fand Hungertobel den Alten um halb acht nach dem Morgenessen* beim Studium des Stadtanzeigers,* etwas verwundert; denn der Arzt war früher als sonst gekommen, und Bärlach pflegte um diese Zeit wieder zu schlafen, oder doch wenigstens, die Hände hinter dem Kopf, vor sich hinzudösen.* Auch war es dem Arzt, als sei der Kommissär frischer als sonst, und aus seinen Augenschlitzen schien die alte Vitalität zu leuchten.

Wie es denn gehe, begrüßte Hungertobel den Kranken.

Er wittere Morgenluft,* antwortete dieser undurchsichtig.*

„Ich bin heute früher als sonst bei dir, und ich komme
auch nicht eigentlich dienstlich",* sagte Hungertobel
und trat zum Bett. „Ich bringe nur schnell einen Stoß
ärztlicher Zeitungen:* die Schweizerische medizinische
Wochenschrift,* eine französische, und vor allem, da
du auch Englisch verstehst, verschiedene Nummern der
,Lancet', der berühmten englischen Zeitschrift für Medizin."

„Das ist lieb von dir, anzunehmen, ich interessiere mich
für dergleichen", antwortete Bärlach, ohne vom Anzeiger*
aufzublicken, „aber ich weiß nicht, ob es gerade die ge-
eignete Lektüre* für mich ist. Du weißt, ich bin kein
Freund der Medizin."

Hungertobel lachte: „Das sagt einer, dem wir geholfen
haben!"

Eben,* sagte Bärlach, das mache das Übel nicht besser.

Was er denn im Anzeiger lese? fragte Hungertobel
neugierig.

„Briefmarkenangebote",* antwortete der Alte.

Der Arzt schüttelte den Kopf: „Trotzdem wirst du dir
die Zeitschriften ansehen, auch wenn du um uns Ärzte für
gewöhnlich einen Bogen machst.* Es liegt mir daran, dir
zu beweisen, daß unser Gespräch gestern eine Torheit war,
Hans. Du bist Kriminalist, und ich traue dir zu, daß du
aus heiterem Himmel unseren verdächtigen Modearzt*
samt seinen Hormonen verhaftest. Ich begreife nicht, wie
ich es vergessen konnte. Der Beweis, daß Emmenberger
in Santiago war, ist leicht zu erbringen. Er hat von dort
in verschiedenen medizinischen Fachzeitschriften Artikel
veröffentlicht, auch in englischen und amerikanischen,
hauptsächlich über Fragen der inneren Sekretion,* und

sich damit einen Namen gemacht; schon als Student
zeichnete er sich literarisch aus und schrieb eine ebenso
witzige wie glänzende Feder.* Du siehst, er war ein
tüchtiger und gründlicher Wissenschaftler.* Um so be-
dauernswerter ist seine jetzige Wendung ins Modische,*
wenn ich so sagen darf; denn was er gegenwärtig treibt, ist
nun doch zu billig, Schulmedizin hin oder her.* Der
letzte Artikel erschien in der ‚Lancet‘ noch im Januar
fünfundvierzig, einige Monate bevor er in die Schweiz
zurückkehrte. Das ist gewiß ein Beweis, daß unser Verdacht eine rechte Eselei war. Ich schwöre dir, mich nie
mehr als Kriminalist zu versuchen. Der Mann auf dem
Bild kann nicht Emmenberger sein, oder die Photographie
ist gefälscht.‘‘

„Das wäre ein Alibi‘‘, sagte Bärlach und faltete den
Anzeiger zusammen. „Du kannst mir die Zeitschriften
dalassen.‘‘

Als Hungertobel um zehn zur ordentlichen Arztvisite*
zurückkam, lag der Alte, eifrig in den Zeitschriften
lesend, in seinem Bett.

Ihn scheine auf einmal die Medizin doch zu interes-
sieren, sagte der Arzt verwundert und prüfte Bärlachs
Puls.

Hungertobel habe recht, meinte der Kommissär, die
Artikel kämen aus Chile.

Hungertobel freute sich und war erleichtert. „Siehst
du! Und wir sahen Emmenberger schon als Massenmörder.‘‘

„Man hat heute in dieser Kunst die frappantesten Fort-
schritte gemacht‘‘, antwortete Bärlach trocken. „Die
Zeit, mein Freund, die Zeit. Die englischen Zeitschriften
brauche ich nicht, aber die schweizerischen Nummern
kannst du mir lassen.‘‘

„Emmenbergers Artikel in der ‚Lancet‘ sind doch viel

bedeutender, Hans!" widersprach Hungertobel, der schon
überzeugt war, dem Freund gehe es um die Medizin.*
„Die mußt du lesen."

In der medizinischen Wochenschrift schreibe Emmenberger aber deutsch, entgegnete Bärlach etwas spöttisch.

„Und?"* fragte der Arzt, der nichts begriff.

„Ich meine, mich beschäftigt sein Stil, Samuel, der Stil
eines Arztes, der einst eine gewandte Feder führte und
nun reichlich unbeholfen schreibt", sagte der Alte vorsichtig.

Was denn dabei sei,* fragte Hungertobel noch immer
ahnungslos,* mit der Tabelle über dem Bett beschäftigt.

„So leicht ist ein Alibi nun doch nicht zu erbringen",
sagte der Kommissär.

„Was willst du damit sagen?" rief der Arzt bestürzt
aus. „Du bist den Verdacht immer noch nicht los?"

Bärlach sah seinem fassungslosen* Freund nachdenklich ins Gesicht, in dieses alte, noble, mit Falten über-
zogene Antlitz* eines Arztes, der es in seinem Leben mit
seinen Patienten nie leicht genommen hatte,* und der
doch nichts von den Menschen wußte, und dann sagte
er: „Du rauchst doch immer noch deine ‚Little-Rose of
Sumatra',* Samuel? Es wäre jetzt schön, wenn du mir
eine anbieten würdest. Ich stelle es mir angenehm vor, so
eine nach meiner langweiligen Haferschleimsuppe in
Brand zu stecken."*

Die Entlassung

Doch bevor es noch zum Mittagessen kam, erhielt der
Kranke, der immer wieder den gleichen Artikel Emmenbergers über die Bauchspeicheldrüse las, seinen ersten Besuch seit seiner Operation. Es war der ‚Chef', der um elf

verlegen = embarrassed

das Krankenzimmer betrat und etwas verlegen am Bett
des Alten Platz nahm, ohne den Wintermantel abzulegen,
den Hut in der Hand. Bärlach wußte genau, was dieser
Besuch bedeuten sollte, und der Chef wußte genau, wie
es um den Kommissär stand.

„Nun, Kommissär", begann Lutz, „wie geht's? Wir
mußten ja zeitweilig das Schlimmste befürchten."*

„Langsam aufwärts", antwortete Bärlach und verschränkte wieder die Hände hinter dem Nacken.

„Was lesen Sie denn da?" fragte Lutz, der nicht gern
aufs eigentliche Thema seines Besuches* kam und nach
einer Ablenkung suchte: „Ei, Bärlach, sieh da, medizinische Zeitschriften!"

Der Alte war nicht verlegen: „Das liest sich wie ein
Kriminalroman", sagte er. „Man erweitert ein wenig seinen Horizont, wenn man krank ist, und sieht sich nach
neuen Gebieten um."

Lutz wollte wissen, wie lange denn Bärlach nach Meinung der Ärzte noch das Bett hüten müsse.

„Zwei Monate", gab der Kommissär zur Antwort,
„zwei Monate soll ich noch liegen."*

Nun mußte der Chef, ob er wollte oder nicht, mit der
Sprache heraus.* „Die Altersgrenze", brachte er mühsam hervor: „Die Altersgrenze, Kommissär, Sie verstehen,
wir kommen wohl nicht mehr darum herum,* denke ich,
wir haben unsere Gesetze."

„Ich verstehe", antwortete der Kranke und verzog
nicht einmal das Gesicht.*

„Was sein muß, muß sein", sagte Lutz. „Sie müssen
sich schonen,* Kommissär, das ist der Grund."

„Und die moderne wissenschaftliche Kriminalistik,* wo
man den Verbrecher findet wie ein etikettiertes Konfitürenglas",* meinte der Alte, Lutz etwas korrigierend.
Wer nachrücke,* wollte er noch wissen.

„Röthlisberger," antwortete der Chef. „Er hat ja Ihre Stellvertretung schon übernommen."*

Bärlach nickte. „Der Röthlisberger. Der wird mit seinen fünf Kindern auch froh sein über das bessere Gehalt", sagte er. „Von Neujahr an?"

„Von Neujahr an", bestätigte Lutz.

Noch bis Freitag also, sagte Bärlach, und dann sei er Kommissär gewesen.* Er sei froh, daß er nun den Staatsdienst hinter sich habe, sowohl den türkischen* als auch den bernischen. Nicht gerade, weil er jetzt mehr Zeit habe, Molière zu lesen and Balzac, was sicher auch schön sei, aber der Hauptgrund bleibe doch, daß die bürgerliche Weltordnung auch nicht mehr das Wahre* sei. Er kenne sich aus in den Affären. Die Menschen seien immer gleich, ob sie nun am Sonntag in die Hagia Sophia* oder ins Berner Münster gingen. Man lasse die großen Schurken laufen und stecke die kleinen ein. Überhaupt gebe es einen ganzen Haufen Verbrechen, die man nicht beachte, nur weil sie etwas ästhetischer seien als so ein ins Auge springender Mord, der überdies noch in die Zeitung komme, die aber beide aufs gleiche hinausliefen, wenn man's genau nehme und die Phantasie* habe. Die Phantasie, das sei es eben, die Phantasie! Aus lauter Phantasiemangel begehe ein braver Geschäftsmann zwischen dem Aperitif und dem Mittagessen oft mit irgendeinem gerissenen* Geschäft ein Verbrechen, das kein Mensch ahne und der Geschäftsmann am wenigsten, weil niemand die Phantasie besitze, es zu sehen. Die Welt sei aus Nachlässigkeit schlecht, und daran,* aus Nachlässigkeit zum Teufel zu gehen. Diese Gefahr sei noch größer als der ganze Stalin und alle übrigen Josephe zusammengenommen. Für einen alten Spürhund wie ihn sei der Staatsdienst nicht mehr gut. Zuviel kleines Zeug, zuviel Schnüffelei;* aber das Wild, das rentiere* und das man jagen sollte, die wirklich großen Tiere, meine er, würden unter Staatsschutz genommen wie im zoologischen Garten.

Der Doktor Luzius Lutz machte ein langes Gesicht, als er diese Rede hörte; das Gespräch kam ihm peinlich* vor, und eigentlich fand er es unschicklich, bei so bösartigen Ansichten* nicht zu protestieren, doch der Alte war schließlich krank und Gott sei Dank pensioniert. Er müsse nun leider gehen, sagte er, den Ärger hinunterschluckend, er habe um halb zwölf noch eine Sitzung mit der Armendirektion.*

Die Armendirektion habe auch mehr mit der Polizei zu tun als mit dem Finanzdepartement,* da stimme etwas nicht, bemerkte darauf der Kommissär, und Lutz mußte wieder das Schlimmste befürchten,* doch zu seiner Erleichterung zielte Bärlach auf etwas anderes: „Sie können mir einen Gefallen tun, jetzt, da ich krank bin und zu nichts mehr zu gebrauchen."

„Aber gern", versprach Lutz.

„Sehen Sie, Doktor, es handelt sich um eine Auskunft. Ich bin für mich privat etwas neugierig und vergnüge mich in meinem Bett mit kriminalistischen Kombinationen.* Auch eine alte Katze kann das Mausen nicht lassen. Da finde ich in einem ‚Life' das Bild eines Lagerarztes der SS* von Stutthof, names Nehle. Fragen Sie doch einmal nach, ob der noch in einem Gefängnis lebe, oder was sonst aus ihm geworden sei. Wir haben doch den internationalen Dienst* für diese Fälle, der uns nichts kostet, seit die SS zur Verbrecherorganisation erklärt worden ist."

Lutz notierte sich alles.

Er werde nachfragen lassen, versprach er, verwundert über den Spleen* des Alten.

Dann verabschiedete er sich.

„Leben Sie wohl, und werden Sie gesund",* sagte er, indem er die Hand des Kommissärs schüttelte. „Noch diesen Abend will ich Ihnen Bescheid geben lassen, dann können Sie nach Herzenslust kombinieren. Der Blatter* ist auch noch da und will Sie grüßen. Ich warte draußen im Wagen."

So kam denn der große, dicke Blatter herein, und Lutz verschwand.

„Grüß dich, Blatter", sagte Bärlach zum Polizisten, der oft sein Chauffeur gewesen war, „das freut mich, dich zu sehen."

Es freue ihn auch, sagte Blatter. „Sie fehlen uns, Herr Kommissär. Überall fehlen Sie uns."

„Nun Blatter, jetzt kommt der Röthlisberger an meinen Platz und wird ein anderes Lied singen,* stelle ich mir vor", antwortete der Alte.

„Schade", sagte der Polizist, „ich will ja nichts gesagt haben,* und der Röthlisberger ist sicher auch recht, wenn Sie nur wieder gesund werden!"

Blatter kenne doch das Antiquariat in der Matte,* das der Jude mit dem weißen Bart besitzt, der Feitelbach? fragte Bärlach.

Blatter nickte: „Der mit den Briefmarken im Schaufenster, die immer die gleichen sind."

„Dann geh doch diesen Nachmittag dort vorbei und sag dem Feitelbach, er soll mir ‚Gullivers Reisen'* ins Salem schicken. Es ist der letzte Dienst, den ich von dir verlange."

„Das Buch mit den Zwergen und Riesen?" wunderte sich der Polizist.

Bärlach lachte: „Siehst du, Blatter, ich liebe eben Märchen!"

Irgend etwas in diesem Lachen kam dem Polizisten unheimlich vor; aber er wagte nicht zu fragen.

Die Hütte

Noch am selben Mittwoch abend ließ Lutz anläuten. Hungertobel saß gerade am Bett seines Freundes und hatte sich, da er nachher operieren mußte, eine Tasse Kaffee bringen lassen; er wollte die Gelegenheit ein wenig ausnützen, Bärlach im Spital „bei sich" zu haben.* Nun klingelte das Telephon und unterbrach das Gespräch der beiden.

Bärlach meldete sich* und lauschte gespannt. Nach einer Weile sagte er: „Es ist gut, Favre, schicken Sie mir noch das Material* zu ", und hängte auf. „Nehle ist tot", sagte er.

„Gott sei Dank", rief Hungertobel aus, „das müssen wir feiern", und steckte sich eine ‚Little-Rose of Sumatra' in Brand. „Die Schwester wird wohl nicht gerade kommen."*

„Schon am Mittag war es ihr nicht recht",* stellte Bärlach fest. „Ich habe mich jedoch auf dich berufen,* und sie sagte, das sehe dir ähnlich."*

Wann denn Nehle gestorben sei, fragte der Arzt.

Fünfundvierzig, am zehnten August. Er habe sich in einem Hamburger Hotel das Leben genommen, mit Gift, wie man feststellte, antwortete der Kommissär.

„Siehst du", nickte Hungertobel, „jetzt ist auch der Rest deines Verdachtes ins Wasser gefallen."

Bärlach blinzelte nach den Rauchwolken, die Hungertobel genießerisch in Ringen und Spiralnebeln aus seinem Munde entließ. Nichts sei so schwer zu ertränken wie ein Verdacht, weil nichts so leicht immer wieder auftauche, antwortete er endlich.

Der Kommissär sei unverbesserlich, lachte Hungertobel, der das Ganze als einen harmlosen Spaß ansah.

„Die erste Tugend des Kriminalisten", antwortete der Alte, und dann fragte er: „Samuel, bist du mit Emmenberger befreundet gewesen?"

„Nein", antwortete Hungertobel, „das nicht, und soviel ich weiß, niemand von uns, die mit ihm studierten. Ich habe immer wieder über den Vorfall mit dem Bild im ,Life' nachgedacht, Hans, und ich will dir sagen, warum es mir passierte, dieses Scheusal von einem SS-Arzt für Emmenberger zu halten; du hast dir gewiß darüber auch Gedanken gemacht. Viel sieht man ja nicht auf dem Bild, und die Verwechslung muß von etwas anderem als von einer Ähnlichkeit kommen, die sicher auch da ist. Ich habe schon lange nicht mehr an die Geschichte gedacht, nicht nur, weil sie weit zurückliegt, sondern noch mehr, weil sie scheußlich war; und man liebt es, Geschichten zu vergessen, die einem widerwärtig sind. Ich war einmal dabei, Hans, als Emmenberger einen Eingriff ohne Narkose ausführte, und das war für mich wie eine Szene, die in der Hölle vorkommen könnte, wenn es eine gibt."

„Es gibt eine", antwortete Bärlach ruhig. „Emmenberger hat also so etwas schon einmal gemacht?"

„Siehst du", sagte der Arzt, „es gab damals keinen anderen Ausweg, und der arme Kerl, an dem der Eingriff unternommen werden mußte, lebt noch jetzt. Wenn du ihn siehst, wird er bei allen Heiligen schwören, Emmenberger sei ein Teufel, und das ist ungerecht, denn ohne Emmenberger wäre er nun tot. Doch, offen gestanden,* ich kann ihn begreifen. Es war entsetzlich."

„Wie kam denn das?" fragte Bärlach gespannt.

Hungertobel nahm den letzten Schluck aus seiner Tasse und mußte seine ,Little-Rose' noch einmal anzünden. „Eine Zauberei war es nicht, um ehrlich zu sein. Wie in allen Berufen gibt's auch im unsrigen keine Zaubereien. Es brauchte nicht mehr dazu als ein Taschenmesser und

Mut, auch, natürlich, Kenntnis der Anatomie. Aber wer
von uns jungen Studenten besaß die nötige Geistesgegen-
wart schon?

Wir waren, etwa fünf Mediziner,* vom Kiental* aus ins
Blümlisalpmassiv* gestiegen; wo wir hin wollten, weiß ich
nicht mehr, ich bin nie ein großer Bergsteiger gewesen und
ein noch schlechterer Geograph. Ich schätze, es war so um
das Jahr 1908 herum im Juli, und es war ein heißer Sommer, das ist mir noch deutlich. Übernachtet haben wir auf
einer Alp* in einer Hütte. Es ist merkwürdig, daß mir vor
allem diese Hütte geblieben ist. Ja, manchmal träume ich
noch von ihr und schrecke dann schweißgebadet auf;*
aber eigentlich, ohne dabei an das zu denken, was sich in
ihr abspielte. Sicher wird sie nicht anders gewesen sein, als
nun eben die Alphütten sind, die den Winter über leer
stehen, und das Schreckliche ist allein in meiner Phantasie.
Daß dies der Fall sein muß, glaube ich daran zu erkennen,
weil ich sie immer mit feuchtem Moos überwachsen vor
mir sehe, und das sieht man doch an Alphütten nicht,
scheint mir. Man liest oft von Schinderhütten,* ohne recht
zu wissen, was dies eigentlich sein soll. Nun, unter einer
Schinderhütte stelle ich mir so etwas wie diese Alphütte
vor. Föhren standen um sie herum und ein Brunnen nicht
weit von ihrer Türe. Auch war das Holz dieser Hütte
nicht schwarz, sondern weißlich und faulig, und überall
in den Ritzen waren Schwämme, doch kann auch das nur
eine nachträgliche Einbildung sein; die Jahre liegen in
einer so großen Anzahl zwischen heute und diesem Vorfall, daß Traum und Wirklichkeit unentwirrbar ineinander verwoben sind. An eine unerklärliche Furcht erinnere
ich mich jedoch noch bestimmt. Sie befiel mich, als
wir uns der Hütte über eine mit Felstrümmern übersäte
Alp her näherten, die jenen Sommer nicht benutzt wurde,
und in deren Mulde das Gebäude lag. Ich bin überzeugt,

daß diese Furcht alle überfiel, Emmenberger vielleicht
ausgenommen. Die Gespräche hörten auf, und jeder
schwieg. Der Abend, der hereinbrach, bevor wir noch die
Hütte erreichten, war um so schauerlicher, als eine, wie es
schien, unerträgliche Zeitspanne lang ein seltsames tief-
rotes Licht über dieser menschenleeren Welt von Eis und
Stein lag; eine tödliche, außerirdische Beleuchtung, die
unsere Gesichter und Hände verfärbte, wie sie auf einem
Planeten herrschen muß, der sich weiter von der Sonne
entfernt bewegt als der unsrige. So waren wir denn wie
gehetzt* ins Innere der Hütte gedrungen. Dies war leicht;
denn die Türe war unverschlossen. Schon im Kiental
hatte man uns gesagt, daß man in dieser Hütte über-
nachten könne. Der Innenraum war erbärmlich und nichts
vorhanden als einige Pritschen. Doch bemerkten wir im
schwachen Licht oben unter dem Dach Stroh. Eine
schwarze, verbogene Leiter führte hinauf, an der noch
Mist und Dreck vom vorigen Jahr klebte. Emmenberger
holte draußen vom Brunnen Wasser, mit einer seltsamen
Hast, als wüßte er, was nun geschehen sollte. Das ist natürlich unmöglich. Dann machten wir auf dem primitiven Herd Feuer. Ein Kessel war vorhanden. Und da ist
denn, in dieser merkwürdigen Stimmung von Grauen und
Müdigkeit, die uns gefangen hielt, einer von uns lebensgefährlich verunglückt. Ein dicker Luzerner, Sohn eines
Wirts, der wie wir Medizin studierte — wieso wußte
eigentlich niemand —, und der auch ein Jahr darauf das
Studium aufgab, um doch die Wirtschaft zu übernehmen.
Dieser etwas linkische Bursche also fiel, da die Leiter zu-
sammenbrach, die er bestiegen hatte, um unter dem Dach
das Stroh zu holen, so unglücklich mit der Kehle auf einen
vorspringenden* Balken in der Mauer, daß er stöhnend
liegenblieb. Der Sturz war heftig. Wie glaubten zuerst, er
habe etwas gebrochen, doch fing er nach kurzem an, nach

Atem zu ringen. Wir hatten ihn hinaus auf eine Bank getragen, und nun lag er da in diesem fürchterlichen Licht der schon untergegangenen Sonne, das von übereinander geschichteten Wolkenbänken sandigrot niederstrahlte. Der Anblick, den der Verunglückte bot, war beängstigend. Der blutig geschürfte Hals war dick angeschwollen, den Kopf hielt er, während sich der Kehlkopf heftig und ruckweise bewegte, nach hinten. Entsetzt bemerkten wir, daß sein Gesicht immer dunkler wurde, fast schwarz in diesem infernalischen Glühen der Horizonte, und seine weitaufgerissenen Augen glänzten wie zwei weiße, nasse Kiesel in seinem Antlitz. Wir bemühten uns verzweifelt mit feuchten Umschlägen.* Vergeblich. Der Hals schwoll immer mehr nach innen, und er drohte zu ersticken. War der Verunglückte zuerst von einer fieberhaften Unruhe erfüllt gewesen, so fiel er jetzt zusehends in Apathie. Sein Atem ging pfeifend, reden konnte er nicht mehr. So viel wußten wir, daß er sich in äußerster Lebensgefahr befand; wir waren ratlos.* Es fehlte uns jede Erfahrung und wohl auch die Kenntnis. Wir wußten zwar, daß es eine Notoperation gab, die Hilfe schaffen konnte, aber keiner wagte, daran zu denken. Nur Emmenberger begriff und zögerte auch nicht, zu handeln. Er untersuchte eingehend den Luzerner, desinfizierte im kochenden Wasser über dem Herd sein Taschenmesser und führte dann einen Schnitt aus, den wir als Coniotomie* bezeichnen, der in Notfällen manchmal angewandt werden muß, und bei dem man über dem Kehlkopf, zwischen dem Adamsapfel und dem Ringknorpel mit quergestelltem Messer einsticht, um Luft zu schaffen. Nicht dieser Eingriff war entsetzlich, Hans, der mußte nun wohl mit dem Taschenmesser gemacht werden; sondern das Grauenhafte war etwas anderes, es spielte sich gleichsam zwischen den beiden in ihren Gesichtern ab. Wohl war der Verunglückte schon

fast betäubt vor Atemnot, aber noch waren seine Augen
offen, ja weit aufgerissen, und so mußte er noch alles be-
merken, was geschah, wenn auch vielleicht wie im Traum;
und als Emmenberger diesen Schnitt ausführte, mein
Gott, Hans, hatte er die Augen ebenfalls weit aufgerissen,
sein Gesicht verzerrte sich; es war plötzlich, als breche aus
diesen Augen etwas Teuflisches, eine Art übermäßiger
Freude, zu quälen, oder wie man dies sonst nennen soll,
daß ich eine menschliche Angst empfand, wenn auch nur
für eine Sekunde; denn schon war alles vorbei. Doch
glaube ich, das hat niemand außer mir empfunden; denn
die andern wagten nicht hinzusehen. Ich glaube auch, daß
dies zum großen Teil Einbildung* ist, was ich erlebte, daß
die finstere Hütte und das unheimliche Licht an diesem
Abend das ihre zu dieser Täuschung beigetragen haben;
merkwürdig am Vorfall ist nur, daß später der Luzerner,
dem Emmenberger durch die Coniotomie das Leben rettete, niemals mehr mit diesem* gesprochen hat, ja ihm
kaum dankte, was ihm von vielen übelgenommen wurde.
Über Emmenberger hingegen hat man sich seitdem immer
anerkennend geäußert, er galt als ganz großes Licht. Seine
Laufbahn war seltsam. Wir hatten geglaubt, er werde
Karriere machen, aber es lag ihm nichts daran. Er studierte viel und wild durcheinander. Die Physik, die
Mathematik, nichts schien ihn zu befriedigen; auch in
philosophischen und theologischen Vorlesungen wurde er
gesehen. Das Examen war glänzend, doch übernahm er
später nie eine Praxis, arbeitete in Stellvertretungen, auch
bei mir, und ich muß zugeben, die Patienten waren begeistert von ihm, außer einigen, die ihn nicht mochten. So
führte er ein unruhiges und einsames Leben, bis er endlich auswanderte; er veröffentlichte seltsame Traktate,* so
eine Schrift über die Berechtigung der Astrologie, die
etwas vom Sophistischsten ist, was ich je gelesen habe.

Soweit ich informiert bin, hatte niemand zu ihm Zugang, auch wurde er ein zynischer, unzuverlässiger Patron,* um so unangenehmer, weil sich seinem Witz niemand gewachsen* zeigte. Verwundert hat es uns nur, daß er in Chile plötzlich so anders wurde, was für eine nüchterne und wissenschaftliche Arbeit er dort drüben leistete; das muß durchaus am Klima liegen, oder an der Umgebung. In der Schweiz ist er ja wieder gleich der alte geworden, der er von jeher gewesen ist."

Hoffentlich habe er das Traktat über die Astrologie aufbewahrt, sagte Bärlach, als Hungertobel geendet hatte.

Er könne es ihm morgen mitbringen, antwortete der Arzt.

Das sei also die Geschichte, meinte der Kommissär nachdenklich.

„Du siehst", sagte Hungertobel, „ich habe vielleicht doch in meinem Leben zuviel geträumt."

„Träume lügen nicht", entgegnete Bärlach.

„Vor allem die Träume lügen", sagte Hungertobel. „Aber du mußt mich entschuldigen, ich habe zu operieren", und damit erhob er sich von seinem Stuhl.

Bärlach reichte ihm die Hand. „Ich will hoffen, keine Coniotomie, oder wie du das nennst."

Hungertobel lachte. „Einen Leistenbruch, Hans; der ist mir sympathischer, wenn es auch, offen gesagt,* schwerer ist. Doch jetzt mußt du Ruhe haben. Unbedingt. Du hast nichts nötiger als einen zwölfstündigen Schlaf."

Gulliver

Doch schon gegen Mitternacht wachte der Alte auf, als vom Fenster her ein leises Geräusch kam und kalte Nachtluft ins Krankenzimmer strömte.

Der Kommissär machte nicht sofort Licht, sondern überlegte sich, was denn eigentlich vor sich gehe. Endlich erriet er, daß der Rolladen langsam nach oben geschoben wurde. Die Dunkelheit, die ihn umgab, wurde aufgehellt, schemenhaft blähten sich die Vorhänge im ungewissen Licht, dann hörte er, wie sich der Rolladen wieder vorsichtig nach unten bewegte. Aufs neue umgab ihn die undurchdringliche Finsternis der Mitternacht, doch spürte er, wie sich eine Gestalt vom Fenster her ins Zimmer schob.

„Endlich", sagte Bärlach. „Da bist du* ja, Gulliver", und drehte seine Nachttischlampe an.

Im Zimmer stand in einem alten, fleckigen und zerrissenen Kaftan* ein riesenhafter Jude, vom Licht der Lampe rot beschienen.

Der Alte legte sich wieder in die Kissen zurück, die Hände hinter dem Kopf. „Ich habe mir halb gedacht, daß du mich noch diese Nacht besuchen würdest. Daß du dich auch auf die Fassadenkletterei verstehst, konnte ich mir ja vorstellen", sagte er.

„Du bist mein Freund", erwiderte der Eingedrungene,* „so bin ich gekommen." Sein Kopf war kahl und mächtig,* die Hände edel, aber alles mit fürchterlichen Narben bedeckt, die von unmenschlichen Mißhandlungen zeugten, doch hatte nichts vermocht, die Majestät dieses Gesichts und dieses Menschen zu zerstören. Der Riese stand unbeweglich mitten im Zimmer, leicht gebückt, die Hände auf den Schenkeln; geisterhaft lag sein Schatten an der Wand und an den Vorhängen, die wimperlosen, diamantenen Augen blickten mit einer unerschütterlichen Klarheit nach dem Alten.

„Wie konntest du wissen, daß ich in Bern anwesend zu sein nötig habe?" kam es aus dem zerschlagenen, fast lippenlosen Mund, in einer umständlichen,* überängstlichen* Ausdrucksweise, wie von einem, der sich in zu

vielen Sprachen bewegt und sich nun nicht sofort im
Deutschen zurechtfindet; doch war seine Aussprache
akzentlos. „Gulliver läßt keine Spur zurück", sagte er
dann nach kurzem Schweigen. „Ich arbeite unsichtbar."

„Jeder läßt eine Spur zurück", entgegnete der Kommissär. „Die deine ist die, ich kann es dir ja sagen: Wenn du
in Bern bist, läßt Feitelbach, der dich versteckt, wieder
einmal im Anzeiger* ein Inserat erscheinen, daß er alte
Bücher und Marken verkauft. Dann hat nämlich der Feitelbach etwas Geld, denke ich."

Der Jude lachte: „Die große Kunst Kommissar* Bärlachs besteht darin, das Einfache zu finden."

„Nun kennst du deine Spur", sagte der Alte. Es gebe
nichts Schlimmeres als einen Kriminalisten, der seine Geheimnisse ausplaudere.

„Für den Kommissar Bärlach werde ich meine Spur
stehen lassen. Feitelbach ist ein armer Jude. Er wird es
nie verstehen, ein Geschäft zu machen."

Damit setzte sich das mächtige Gespenst an des Alten
Bett. Er griff in seinen Kaftan und holte eine große,
staubige Flasche und zwei kleine Gläser hervor. „Wodka",
meinte der Riese. „Wir wollen zusammen trinken, Kommissar, wir haben immer zusammen getrunken."

Bärlach schnupperte am Glas, er liebte bisweilen den
Schnaps,* doch hatte er kein gutes Gewissen, er dachte
sich, daß Dr. Hungertobel große Augen machen würde,*
wenn er dies alles sähe: den Schnaps, den Juden und die
Mitternacht, in der man doch schon längst schlafen sollte.
Ein schöner Kranker,* würde Hungertobel wettern und
einen Spektakel veranstalten,* er kannte ihn doch.

„Wo kommt denn der Wodka* her?" fragte er, als er
den ersten Schluck genommen hatte. „Der ist aber*
gut."

„Aus Rußland", lachte Gulliver. „Den habe ich von den Sowjetern."*

„Bist du denn wieder in Rußland gewesen?"

„Mein Geschäft, Kommissar."*

„Kommissär", verbesserte ihn Bärlach. „Im Bernischen gibt's nur Kommissäre. Hast du denn deinen scheußlichen Kaftan auch im Sowjetparadies nicht ausgezogen?"

„Ich bin ein Jude und trage meinen Kaftan, das habe ich geschworen. Ich liebe das Nationalkostüm meines armen Volkes", antwortete Gulliver.

„Gib mir doch noch einen Wodka", sagte Bärlach.

Der Jude füllte die beiden Gläser.

„Hoffentlich war die Fassadenkletterei nicht zu schwierig", meinte Bärlach stirnrunzelnd. „Das ist wieder etwas Gesetzwidriges,* was du da heute nacht angestellt hast."

Gulliver dürfe nicht gesehen werden, gab der Jude knapp zur Antwort.

„Um acht ist es doch schon längst dunkel, und man hätte dich hier im Salem sicher zu mir hereingelassen. Es ist ja keine Polizei da."

„Dann kann ich auch ebensogut fassadenklettern", entgegnete der Riese und lachte. „Es war ein Kinderspiel, Kommissar. Den Kännel hinauf und einen Mauervorsprung* entlang."

„Es ist doch gut, daß ich pensioniert werde." Bärlach schüttelte den Kopf. „Dann habe ich so etwas wie dich nicht mehr auf dem Gewissen. Ich hätte dich schon längst hinter Schloß und Riegel* stecken sollen und dabei einen Fang getan, der mir in ganz Europa hoch angerechnet* worden wäre."

„Du wirst es nicht tun, weil du weißt, wofür ich kämpfe", antwortete der Jude unbeweglich.

„Du könntest dir doch wirklich einmal so etwas wie

Papiere verschaffen", schlug der Alte vor. „Ich habe zwar nicht viel übrig für dergleichen;* aber irgendeine Ordnung muß in Gottes Namen* sein."

„Ich bin gestorben", sagte der Jude. „Die Nazis haben mich erschossen."

Bärlach schwieg. Er wußte, worauf der Riese anspielte. Das Licht der Lampe umgab die Männer mit einem ruhigen Kreis. Irgendwoher schlug es Mitternacht. Der Jude schenkte Wodka ein. Seine Augen blitzten in einer sonderbaren Heiterkeit höherer Art.

„Als unsere Freunde von der SS mich an einem schönen Maientag des Jahres fünfundvierzig bei angenehmster Witterung — an eine kleine weiße Wolke erinnere ich mich noch gut — in irgendeiner hundsgemeinen Kalkgrube* inmitten fünfzig erschossener Männer meines armen Volkes aus Versehen liegen ließen, und als ich mich nach Stunden blutüberströmt unter den Flieder* verkriechen konnte, der nicht weit davon blühte, so daß mich das Kommando,* welches das Ganze zuschaufelte, übersah, habe ich geschworen, von nun an immer diese armselige Existenz eines geschändeten* und geprügelten Stück Viehs* zu führen, wenn es schon Gott gefalle, daß wir in diesem Jahrhundert oft wie die Tiere zu leben haben. Von da an habe ich nur noch in der Dunkelheit der Gräber gelebt und mich in Kellern und ähnlichem aufgehalten, nur die Nacht hat mein Antlitz gesehen, und nur die Sterne und der Mond diesen armseligen und tausendmal zerfetzten Kaftan beschienen. Das ist recht so. Die Deutschen haben mich getötet, und ich habe bei meiner ehemaligen arischen* Frau — sie ist jetzt tot, und das ist gut für dieses Weib — meinen Totenschein gesehen, den sie per Reichspost* bekam, er war gründlich ausgeführt und machte den guten Schulen alle Ehre, in denen man dieses Volk zur Zivilisation erzieht. Tot ist tot, das gilt für Jude und

Christ, verzeih die Reihenfolge, Kommissar. Für einen Toten gibt es keine Papiere, das mußt du zugeben, und keine Grenzen; er kommt in jedes Land, wo es noch verfolgte und gemarterte Juden gibt. Prosit,* Kommissar, ich trinke auf unsere Gesundheit!"

Dei zwei Männer tranken ihre Gläser leer; der Mann im Kaftan schenkte neuen Wodka ein und sagte, indem sich seine Augen zu zwei funkelnden Schlitzen zusammenzogen: „Was willst du von mir, Kommissar Bärlach?"

„Kommissär", verbesserte der Alte.

„Kommissar", behauptete der Jude.

„Ich möchte eine Auskunft von dir", sagte Bärlach.

„Eine Auskunft ist gut", lachte der Riese. „Sie ist Goldes wert, eine solide* Auskunft. Gulliver weiß mehr als die Polizei."

„Das werden wir sehen. Du bist in allen Konzentrationslagern gewesen, das hast du mir gegenüber einmal erwähnt. Du erzählst ja sonst wenig von dir", sagte Bärlach.

Der Jude füllte die Gläser. „Man hat meine Person einmal so überaus wichtig genommen, daß man mich von einer Hölle in die andere schleppte, und es gab deren mehr als die neun, von denen Dante* singt, der in keiner war. Von jeder habe ich tüchtige Narben mit in mein Leben nach dem Tode gebracht." Er streckte seine linke Hand aus. Sie war verkrüppelt.

„So kennst du vielleicht einen Arzt der SS namens Nehle?" fragte der Alte gespannt.

Der Jude schaute einen Augenblick lang nachdenklich auf den Kommissär. „Meinst du den vom Lager Stutthof?" fragte er dann.

„Den", antwortete Bärlach.

Der Riese sah den Alten spöttisch an. „Der hat sich am

zehnten August fünfundvierzig in Hamburg in einem
armseligen Hotel das Leben genommen", sagte er nach
einer Weile.

Bärlach dachte etwas enttäuscht: „Gulliver weiß einen
Dreck* mehr als die Polizei", und er sagte: „Bist du jemals
in deiner Laufbahn — oder wie man das schon nennen
soll — Nehle begegnet?"

Der zerlumpte Jude sah den Kommissär erneut prüfend an, und sein narbenüberdecktes Antlitz verzog sich
zu einer Grimasse. „Was frägst* du nach dieser ausge-
fallenen* Bestie?" erwiderte er dann.

Bärlach überlegte, wie weit er sich dem Juden eröffnen
sollte,* beschloß jedoch, zu schweigen und den Verdacht,
den er gegen Emmenberger gefaßt hatte, bei sich zu be-
halten.

„Ich sah sein Bild", sagte er deshalb, „und es interessiert mich, was aus so einem geworden ist. Ich bin ein
kranker Mann, Gulliver, und muß noch lange liegen,
immer Molière lesen geht auch nicht, da hängt man eben
seinen Gedanken nach.* So nimmt es mich denn wunder,*
was ein Massenmörder wohl für ein Mensch ist."

„Alle Menschen sind gleich. Nehle war ein Mensch.
Also war Nehle wie alle Menschen. Das ist ein perfider*
Syllogismus, doch kann niemand gegen ihn aufkommen",
antwortete der Riese und ließ Bärlach nicht aus den
Augen. Nichts in seinem mächtigen Gesicht verriet, was
er denken mochte.

„Ich nehme an, du wirst Nehles Bild im ‚Life' gesehen
haben, Kommissar", fuhr der Jude fort. „Es ist das einzige Bild, das von ihm existiert. So sehr man suchte auf
dieser schönen Welt, nie ist ein anderes zum Vorschein
gekommen. Das ist um so peinlicher,* als ja auf dem berühmten Bild nicht viel von diesem sagenhaften Folterknecht zu erkennen ist."

„Nur ein Bild gibt es also", sagte Bärlach nachdenklich.
„Wie ist das möglich?"

„Der Teufel sorgt für die Auserwählten seiner Ge-
meinde besser, als es der Himmel für die seinen tut, und
ließ verschiedene Umstände zusammenkommen", antwortete der Jude spöttisch. „In der Liste der SS, wie sie jetzt
zum Gebrauch der Kriminologie in Nürnberg* aufbewahrt wird, ist Nehle nicht eingetragen, sein Name befindet sich auch nicht in einem anderen Verzeichnis; er
wird der SS nicht angehört haben. Die offiziellen Berichte
aus dem Lager Stutthof an das SS-Führerhauptquartier*
erwähnen seinen Namen nie, auch in den beigelegten
Tabellen über den Stand des Personals* ist er unterschlagen. Es haftet* dieser Gestalt, die ungezählte Opfer auf
dem ruhigen Gewissen hat, etwas Legendenhaftes und
Illegales an, als ob sich auch die Nazis ihrer geschämt
hätten. Und doch lebte Nehle, und niemand hat je ge-
zweifelt, daß er existierte, nicht einmal die ausgekochtesten
Atheisten;* denn an einen Gott, der die teuflischsten
Qualen ausheckt, glaubt man am schnellsten. So haben
wir denn dazumal in den Konzentrationslagern, die Stutthof gewiß in nichts nachstanden, immer von ihm gesprochen, wenn auch mehr wie von einem Gerücht, als von
einem der bösesten und unbarmherzigsten Engel in diesem
Paradies der Richter und Henker. Das wurde auch nicht
besser, als sich der Nebel zu lichten begann. Vom Lager
selbst war niemand mehr vorhanden, den man hätte aus-
fragen können. Stutthof liegt bei Danzig. Die wenigen
Häftlinge, welche die Torturen überstanden, wurden von
der SS niedergemacht, als die Russen kamen, die dafür an
den Wärtern die Gerechtigkeit vollzogen und sie auf-
knüpften:* Nehle jedoch befand sich nicht unter den
Galgenvögeln, Kommissar. Er mußte vorher das Lager
verlassen haben."

„Der wurde doch gesucht", sagte Bärlach.

Der Jude lachte: „Wer wurde damals nicht gesucht, Bärlach! Das ganze deutsche Volk war zu einer kriminellen Affäre geworden. Doch an Nehle hätte sich kein Mensch mehr erinnert, weil sich kein Mensch mehr hätte erinnern können, seine Verbrechen wären unbekannt geblieben, wenn nicht bei Kriegsende im ‚Life' dieses Bild erschienen wäre, das du kennst, das Bild einer kunstgerechten und meisterhaften Operation mit dem kleinen Schönheitsfehler, daß sie ohne Narkose durchgeführt wurde. Die Menschheit war pflichtgemäß empört, und so fing man denn an zu suchen. Sonst hätte sich Nehle unbehelligt ins Privatleben zurückziehen können, um sich in einen harmlosen Landarzt zu verwandeln oder als Badedoktor* irgendein kostspieliges Sanatorium* zu leiten."

„Wie kam denn das ‚Life' zu diesem Bild?" fragte der Alte ahnungslos.

„Das Einfachste in der Welt", antwortete der Riese gelassen. „Ich habe es ihm gegeben!"

Bärlach schnellte mit dem Oberkörper hoch und starrte dem Juden überrascht ins Gesicht. Gulliver wisse doch mehr als die Polizei, dachte er bestürzt. Das abenteuerliche Leben, das dieser zerfetzte Riese führte, dem unzählige Juden ihre Rettung verdankten, spielte sich in Gebieten ab, wo die Fäden der Verbrechen und der ungeheuerlichsten Laster zusammenliefen. Ein Richter aus eigenen Gesetzen* saß vor Bärlach, der nach eigener Willkür* richtete, freisprach und verdammte,* unabhängig von den Zivilgesetzbüchern und dem Strafvollzug* der glorreichen Vaterländer* dieser Erde.

„Trinken wir Wodka", sagte der Jude. „So ein Schnaps tut immer gut. An den muß man sich halten, sonst verliert man auf diesem gottverlassenen Planeten noch jede süße Illusion."

Und er füllte die Gläser und schrie: „Es lebe der Mensch!" Dann stürzte er das Glas hinunter und sagte: „Aber wie? Das ist oft schwierig."

Er sollte nicht so schreien, sagte der Kommissär, sonst komme die Nachtschwester. Sie seien in einem soliden* Spital.

„Die Christenheit, die Christenheit", sagte der Jude. „Sie hat gute Krankenschwestern hervorgebracht, und ebenso tüchtige Mörder."

Einen Moment dachte der Alte, es sei doch jetzt genug mit dem Wodka, aber schließlich trank er auch.

Das Zimmer drehte sich einen Moment, Gulliver erinnerte ihn an eine riesige Fledermaus, dann blieb das Zimmer wieder ruhig, wenn auch ein wenig schräg. Aber das mußte man wohl in Kauf nehmen.

„Du hast Nehle gekannt", sagte Bärlach.

Der Riese antwortete, er habe gelegentlich mit ihm zu tun gehabt, und beschäftigte sich weiter mit seinem Wodka. Dann fing er an zu erzählen, aber nun nicht mehr mit der kalten, klaren Stimme von vorher, sondern in einem merkwürdig singenden Ton, der sich verstärkte, wenn die Ironie und der Spott mitschwangen, manchmal aber auch leise wurde, gedämpft, so daß Bärlach begriff, daß alles, auch das Wilde und Höhnische nur ein Ausdruck einer unermeßlichen Trauer war über den unbegreiflichen Sündenfall* einer einst schönen, von Gott erschaffenen Welt. So saß nun in der Mitternacht dieser riesenhafte Ahasver* bei ihm, dem alten Kommissär, der da todkrank in seinem Bette lag und den Worten des jammervollen Mannes lauschte, den die Geschichte unserer Epoche zu einem düsteren, furchterregenden Todesengel geschaffen hatte.

„Es war im Dezember vierundvierzig",* berichtete Gulliver in seinem Singsang, halb in Wodka versponnen,* auf

dessen Meeren sich sein Schmerz wie eine dunkle, ölige
Fläche ausbreitete, „und dann noch im Januar des folgen-
den Jahres, als die glasige Sonne der Hoffnung eben fern an
den Horizonten über Stalingrad* und Afrika* emporstieg.
Und doch waren diese Monate verflucht, Kommissar,
und ich habe zum erstenmal bei allen unseren ehrwürdigen Talmudisten* und ihren grauen Bärten geschworen,
daß ich sie nicht überlebe. Daß dies doch geschah, lag an
Nehle, dessen Leben zu erfahren du so begierig bist. Von
diesem Jünger der Medizin darf ich dir melden, daß er
mir das Leben rettete, indem er mich in die unterste Hölle
tauchte und an den Haaren wieder emporriß, eine Methode, der meines Wissens nur einer widerstand, ich nämlich, der ich verflucht bin, alles zu überstehen; und aus
übergroßer Dankbarkeit habe ich denn nicht gezögert,
ihn zu verraten, indem ich ihn photographierte. In dieser
verkehrten Welt gibt es Wohltaten, die man nur mit
Schurkereien bezahlen kann."

„Ich verstehe nicht, was du da erzählst", entgegnete
der Kommissär, der nicht recht wußte, ob dabei der
Wodka im Spiele stand oder nicht.

Der Riese lachte und holte eine zweite Flasche aus seinem Kaftan. „Verzeih", sagte er, „ich mache lange Sätze,
aber meine Qualen waren noch länger. Es ist einfach, was
ich sagen will: Nehle hat mich operiert. Ohne Narkose.
Mir wurde diese unerhörte Ehre zuteil. Verzeih zum
zweitenmal, Kommissar, aber ich muß Wodka trinken
und dies wie Wasser, wenn ich daran denke, denn es war
scheußlich."

„Teufel", rief Bärlach aus, und dann noch einmal in die
Stille des Spitals hinein: „Teufel". Er hatte sich halb aufgerichtet und hielt dem Ungeheuer,* das an seinem Bette
saß, mechanisch das leere Glas hin.

„Die Geschichte braucht nichts als ein wenig Nerven,

sie zu vernehmen; aber weniger, als sie zu erleben", fuhr
der Jude im alten, verschimmelten Kaftan mit singendem
Tone fort. „Man sollte die Dinge endlich vergessen, sagt
man, und dies nicht nur in Deutschland; in Rußland kämen jetzt auch Grausamkeiten vor, und Sadisten gebe es
überall; aber ich will nichts vergessen und dies nicht nur,
weil ich ein Jude bin — sechs Millionen meines Volkes
haben die Deutschen getötet, sechs. Millionen! — ; nein,
weil ich immer noch ein Mensch bin, auch wenn ich in
meinen Kellerlöchern mit den Ratten lebe! Ich weigere
mich, einen Unterschied zwischen den Völkern zu machen
und von guten und schlechten Nationen zu sprechen; aber
einen Unterschied zwischen den Menschen muß ich machen, das ist mir eingeprügelt worden, und vom ersten
Hieb an, der in mein Fleisch fuhr, habe ich zwischen Peinigern und Gepeinigten unterschieden. Die neuen Grausamkeiten anderer Wärter in anderen Ländern ziehe ich
nicht von der Rechnung ab, die ich den Nazis entgegen-
halte, und die sie mir bezahlen müssen, sondern ich zähle
sie dazu. Ich nehme mir die Freiheit, nicht zwischen denen
zu unterscheiden, die quälen. Sie haben alle dieselben Augen. Wenn es einen Gott gibt, Kommissar, und nichts
erhofft mein geschändetes* Herz mehr, so sind vor ihm
keine Völker, sondern nur Menschen, und er wird jeden
nach dem Maß seiner Verbrechen richten und nach dem
Maß seiner Gerechtigkeit freisprechen. Christ, Christ,
vernimm, was ein Jude dir erzählt, dessen Volk euren
Heiland gekreuzigt hat und der nun mit seinem Volk von
den Christen ans Kreuz geschlagen wurde: Da lag ich im
Elend meines Fleisches und meiner Seele im Konzentrationslager Stutthof, in einem Vernichtungslager, wie man
sie nennt, in der Nähe der altehrwürdigen Stadt Danzig,*
der zuliebe* dieser verbrecherische Krieg ausgebrochen
war, und dort ging es dann radikal zu.* Jehova war fern,

mit anderen Welten beschäftigt, oder er studierte an einem
theologischen Problem herum, das gerade seinen erhabe-
nen Geist in Anspruch nahm, kurz, um so übermütiger*
wurde sein Volk in den Tod getrieben, vergast und erschossen, je nach Laune der SS, und wie's die Witterung
ergab: bei Ostwind wurde gehängt, und bei Südwind
hetzte man Hunde auf Juda.* Da war denn also auch dieser
Doktor Nehle vorhanden, auf dessen Schicksal du so begierig bist, Mann einer sittlichen Weltordnung.* Er war
einer der Lagerärzte, von denen es in jedem Lager ganze
Geschwüre* voll gab; Schmeißfliegen, die sich mit wissen-
schaftlichem Eifer dem Massenmord hingaben, die Häftlinge zu Hunderten mit Luft, Phenol, Karbolsäure* und
was sonst noch zu diesem infernalischen Vergnügen zwischen Himmel und Erde zur Verfügung stand, abspritzten,
oder gar, wenn es darauf ankam, ihre Versuche am Menschen ohne Narkose ausführten, aus Not, wie sie versicherten, da der dicke Reichsmarschall* ja die Vivisektion
an Tieren verboten hatte. Nehle befand sich demnach
nicht allein. — Es wird nun nötig sein, daß ich von ihm
spreche. Ich habe mir im Verlauf meiner Reise durch die
verschiedenen Lager die Peiniger genau angesehen und
lernte, wie man so sagt, meine Brüder kennen. Nehle
zeichnete sich in seinem Metier* in vielem aus*. Die
Grausamkeit der andern machte er nicht mit. Ich muß
zugeben, daß er den Gefangenen half, so gut dies möglich
war, und soweit dies in einem Lager, dessen Bestimmung
darin bestand, alles zu vernichten, überhaupt noch einen
Zweck hatte. Er war in einem ganz andern Sinn als die
andern Ärzte fürchterlich, Kommissar. Seine Experimente zeichneten sich nicht durch erhöhte Quälereien
aus; auch bei den andern starben die kunstvoll gefesselten
Juden brüllend unter den Messern am Schock, den die
Schmerzen auslösten, und nicht an der ärztlichen Kunst.

Seine Teufelei war, daß er all dies mit der Zustimmung seiner Opfer ausführte. So unwahrscheinlich es ist, Nehle operierte nur Juden, die sich freiwillig meldeten, die genau wußten, was ihnen bevorstand, die sogar, das setzte er zur Bedingung, den Operationen beiwohnen mußten, um die vollen Schrecken der Tortur zu sehen, bevor sie ihre Zustimmung geben konnten, nun dasselbe zu erleiden."

„Wie war dies möglich?" fragte Bärlach atemlos.

„Die Hoffnung", lachte der Riese, und seine Brust hob und senkte sich. „Die Hoffnung, Christ."* Seine Augen funkelten in einer unergründlichen, tierhaften Wildheit, die Narben seines Gesichts hoben sich überdeutlich ab, die Hände lagen gleich Tatzen* auf Bärlachs Bettdecke, der zerschlagene Mund, der gierig immer neue Mengen Wodka in diesen geschändeten Leib sog, stöhnte in weltferner Trauer: „Glaube, Hoffnung, Liebe, diese drei, wie es so schön im Korinther dreizehn* heißt. Aber die Hoffnung ist die zäheste unter ihnen, das steht bei mir, dem Juden Gulliver, mit roten Malen* in mein Fleisch gezeichnet. Die Liebe und der Glaube, die gingen in Stutthof zum Teufel, aber die Hoffnung, die blieb, mit der ging man zum Teufel. Die Hoffnung, die Hoffnung! Die hatte Nehle fixfertig in der Tasche, und bot sie jedem, der sie haben wollte, und es wollten sie viele haben. Es ist nicht zu glauben, Kommissar, aber Hunderte ließen sich von Nehle ohne Narkose operieren, nachdem sie zitternd und totenbleich ihren Vordermann auf dem Operationstisch hatten krepieren* sehen, und immer noch nein sagen konnten, und dies alles auf die bloße Hoffnung hin, die Freiheit zu erlangen, wie ihnen Nehle versprach. Die Freiheit! Wie muß der Mensch sie lieben, daß er alles zu dulden gewillt ist, sie zu bekommen, so sehr, daß er auch damals in Stutthof freiwillig in die flammendste Hölle ging, nur um diesen erbärmlichen Bankert von Freiheit zu

umarmen, der ihm da geboten wurde. Die Freiheit ist
bald eine Dirne und bald eine Heilige, für jeden etwas
anderes, für einen Arbeiter etwas anderes, für einen Geist-
lichen etwas anderes, für einen Bankier etwas anderes und
für einen armen Juden in einem Vernichtungslager, wie
Auschwitz, Lublin-Maidanek, Natzweiler* und Stutthof,
wieder etwas anderes: Da war Freiheit alles, was außerhalb dieses Lagers war, aber nicht Gottes schöne Welt, o
nein, man hoffte in grenzenloser Bescheidenheit nur, wieder nach einem so angenehmen Orte wie Buchenwald oder
Dachau* zurückversetzt zu werden, in denen man jetzt
die goldene Freiheit sah, wo man nicht Gefahr lief, vergast, sondern nur zu Tode geprügelt zu werden, wo noch
ein Tausendstel Promille* Hoffnung bestand, durch einen
unwahrscheinlichen Zufall doch gerettet zu werden, gegenüber der absoluten Sicherheit des Todes in den Vernich-
tungslagern. Mein Gott, Kommissar, laß uns kämpfen,
daß die Freiheit für alle die gleiche wird, daß sich keiner
vor dem andern für seine Freiheit zu schämen hat! Es ist
zum Lachen: die Hoffnung, in ein anderes Konzentrationslager zu kommen, trieb die Leute in Massen, oder
wenigstens in größerer Zahl auf Nehles Schinderbrett; es
ist zum Lachen (hier stimmte der Jude wirklich ein Hohn-
gelächter der Verzweiflung an und der Wut), und auch
ich, Christ, habe mich auf den blutigen Schragen* gelegt,
sah Nehles Messer und seine Zangen im Lichte des Schein-
werfers schattenhaft über mir und tauchte dann unter in
die unendlich abgestuften Orte der Qualen, in diese gleißenden Spiegelkabinette der Schmerzen, die uns immer
qualvoller enthüllen! Auch ich ging hinein zu ihm in der
Hoffnung, doch noch einmal davonzukommen, doch noch
einmal dieses gottverfluchte Lager zu verlassen; denn, da
sich dieser famose* Psychologe Nehle sonst als hilfsbereit
und zuverlässig erwies, glaubte man ihm in diesem Punkt,

wie man stets an ein Wunder glaubt, wenn die Not am
größten ist. Wahrlich, wahrlich, er hat Wort gehalten!
Als ich als einziger eine sinnlose Magenresektion* über-
stand, ließ er mich gesundpflegen und schickte mich in den
ersten Tagen des Februars nach Buchenwald zurück, das
ich jedoch nach endlosen Transporten nie erreichen sollte;
denn da kam in der Nähe der Stadt Eisleben* jener schöne
Maientag mit dem blühenden Flieder, unter den ich mich
verkroch. — Das sind die Taten des vielgewanderten Mannes, der vor dir sitzt an deinem Bett, Kommissar, seine
Leiden und seine Reisen durch die blutigen Meere des
Unsinns dieser Epoche, und immer noch wird das Wrack
meines Leibes und meiner Seele weitergeschwemmt durch
die Strudel unserer Zeit, die Millionen um Millionen ver-
schlingen, Unschuldige und Schuldige gleichermaßen.
Aber nun ist auch die zweite Flasche Wodka leergetrun-
ken, und es ist notwendig, daß Ahasver den Weg über die
Staatsstraße* des Mauervorsprungs und des Kännels zurück zum feuchten Keller in Feitelbachs Hause nimmt."

Der Alte jedoch ließ Gulliver, der sich erhoben hatte
und dessen Schatten das Zimmer bis zur Hälfte in Dunkelheit hüllte, noch nicht gehen.

Was Nehle denn für ein Mensch gewesen sei, fragte er,
und seine Stimme war kaum mehr denn ein Flüstern.

„Christ", sagte der Jude, der die Flaschen und die Gläser wieder in seinem schmutzigen Kaftan verborgen hatte:
„Wer wüßte auf deine Frage zu antworten? Nehle ist tot,
er hat sich bloß das Leben genommen, sein Geheimnis ist
bei Gott, der über Himmel und Hölle regiert, und Gott
gibt seine Geheimnisse nicht mehr her, nicht einmal den
Theologen. Es ist tödlich, nachzuforschen, wo es nur Totes
gibt. Wie oft habe ich mich bemüht, hinter die Maske dieses Arztes zu schleichen, mit dem kein Gespräch möglich
war, der auch mit niemandem von der SS oder von den

anderen Ärzten verkehrte, geschweige denn mit einem
Häftling! Wie oft versuchte ich zu ergründen, was hinter
seinen funkelnden Brillengläsern vor sich ging! Was sollte
ein armer Jude wie ich tun, wenn er seinen Peiniger nie
anders als mit halbverhülltem Gesicht im Operationskittel sah? Denn so, wie ich unter Lebensgefahr Nehle
photographiert habe — nichts war gefährlicher, als im
Konzentrationslager zu photographieren —, war er stets:
eine in Weiß gehüllte, hagere Gestalt, die leicht gebückt
und lautlos, wie aus Furcht, sich anzustecken, in diesen
Baracken voll grauser Not und Jammers herumging. Er
war darauf aus,* vorsichtig zu sein, denke ich. Er rechnete
wohl immer damit, daß eines schönen Tages der ganze
infernalische Spuk* der Konzentrationslager verschwin-
den würde — um anderswo wie ein Aussatz* mit anderen
Peinigern und anderen politischen Systemen aufs neue aus
den Tiefen des menschlichen Instinkts hervorzubrechen.
So mußte er seit jeher seine Flucht ins Privatleben vorbe-
reitet haben, als sei er in der Hölle nur fakultativ* angestellt. Danach habe ich meinen Schlag berechnet, Kommissar, und ich habe gut gezielt: Als das Bild im ‚Life‘
erschien, hat Nehle sich erschossen;* es genügte dazu, daß
die Welt seinen Namen wußte, Kommissar, denn wer
vorsichtig ist, verbirgt seinen Namen (das war das letzte,
was der Alte von Gulliver hörte, es war wie der dumpfe
Schlag einer ehernen Glocke, schrecklich dröhnend im
Ohr des Kranken), seinen Namen!"

Nun tat der Wodka seine Wirkung. Zwar war dem
Kranken noch, als ob sich die Vorhänge da drüben am
Fenster wie die Segel eines dahinschwindenden Schiffes
blähten, als ob ferner das Rasseln eines Rolladens ver-
nehmbar sei, der sich in die Höhe schob; dann, noch undeutlicher, als ob ein riesenhafter, massiger Leib hinab in
die Nacht tauche; aber dann, da durch die klaffende

Wunde des offenen Fensters die unabsehbare Fülle der
Sterne brach, stieß im Alten ein unbändiger Trotz hoch,
in dieser Welt zu bestehen* und für eine andere, bessere,
zu kämpfen, zu kämpfen auch mit diesem seinem jammervollen Leib, an welchem der Krebs fraß, gierig und un-
aufhaltsam, und dem man noch ein Jahr gab und nicht
mehr, grölend sang er, als der Wodka wie Feuer in seinen
Eingeweiden zu brennen anfing, den Berner Marsch* hinein in die Stille des Spitals, daß die Kranken unruhig
wurden. Nichts Kräftigeres fiel ihm ein; doch war er
dann, als die fassungslose Nachtschwester hereinstürzte,
schon eingeschlafen.

Die Spekulation

Am andern Morgen, es war Donnerstag, erwachte
Bärlach, wie vorauszusehen war, erst gegen zwölf, kurz
bevor das Mittagessen gebracht wurde. Sein Kopf schien
ihm ein wenig schwer, aber sonst fühlte er sich wohl wie
schon lange nicht und dachte, hin und wieder ein richtiger
Schluck Schnaps sei doch das Beste, besonders wenn man
schon im Bett liege und nicht trinken dürfe. Auf dem
Nachttisch lag die Post; Lutz hatte Bericht über Nehle
schicken lassen. Über die Organisation bei der Polizei ließ
sich heute wirklich nichts mehr sagen, vor allem nicht,
wenn man nun pensioniert wurde, was übermorgen Gott
sei Dank der Fall war; in Konstantinopel mußte man
Anno dazumal monatelang auf eine Auskunft warten.
Doch bevor sich der Alte hinters Lesen machen* konnte,
brachte die Krankenschwester das Essen. Es war die
Schwester Lina, die er besonders mochte, doch schien sie
ihm heute reserviert, gar nicht mehr ganz so wie früher.
Es wurde dem Kommissär unheimlich. Man mußte doch

irgendwie hinter die gestrige Nacht gekommen* sein, vermutete er. Unbegreiflich. Es war ihm zwar, als ob er am
Schluß den Berner Marsch gesungen hätte, als Gulliver
gegangen war, aber dies mußte eine Täuschung sein, er
war ja überhaupt nicht patriotisch. Verflixt, dachte er,
wenn man sich nur erinnern könnte! Der Alte sah sich
mißtrauisch im Zimmer um, während er die Haferschleimsuppe löffelte. (Immer Haferschleimsuppe!) Auf dem
Waschtisch standen einige Flaschen und Medikamente,
die vorher nicht dagewesen waren. Was sollte denn dies
wieder bedeuten? Dem Ganzen war nicht zu trauen.*
Überdies erschienen alle zehn Minuten immer andere
Schwestern, um irgend etwas zu holen, zu suchen oder zu
bringen; eine kicherte draußen im Korridor, er hörte es
deutlich. Nach Hungertobel wagte er nicht zu fragen, es
war ihm auch ganz recht, daß dieser erst gegen Abend
kam, weil er doch über Mittag seine Praxis in der Stadt
hatte. Bärlach schluckte trübsinnig den Grießbrei mit
Apfelmus hinunter (auch dies war keine Abwechslung),
war dann aber überrascht, als es darauf zum Dessert*
einen starken Kaffee mit Zucker gab — auf besondere
Anweisung Doktor Hungertobels, wie sich die Schwester
vorwurfsvoll ausdrückte. Sonst war dies nie der Fall gewesen. Der Kaffee schmeckte ihm und heiterte ihn auf.
Dann vertiefte er sich in die Akten,* das war das Gescheiteste, was zu tun war,* doch schon nach eins kam zu
seiner Überraschung Hungertobel herein, mit einem be-
denklichen Gesicht, wie der Alte, scheinbar* immer noch
in seine Papiere vertieft, mit einer unmerklichen Bewegung
seiner Augen wahrnahm.

„Hans", sagte Hungertobel und trat entschlossen ans
Bett, „was ist denn um Himmels willen geschehen? Ich
würde schwören, und mit mir alle Schwestern, daß du
einen Bombenrausch* gehabt hast!"

„So", sagte der Alte und sah von seinen Akten auf.
Und dann sagte er: „Ei!"*

Jawohl, antwortete Hungertobel, es mache alles diesen
Eindruck. Er habe den ganzen Morgen umsonst versucht,
ihn wach zu bekommen.

Das tue ihm aber leid, bedauerte der Kommissär.

„Es ist praktisch einfach unmöglich, daß du Alkohol
getrunken hast, du müßtest denn* auch die Flasche ver-
schluckt haben!" rief der Arzt verzweifelt aus.

Das glaube er auch, schmunzelte der Alte.

Er stehe vor einem Rätsel, sagte Hungertobel und
putzte sich die Brille. Das tat er, wenn er aufgeregt
war.

Lieber Samuel, sagte der Kommissär, es sei wohl nicht
immer leicht, einen Kriminalisten zu beherbergen, das
gebe er zu, den Verdacht, ein heimlicher Süffel* zu sein,
müsse er durchaus auf sich nehmen, und er bitte ihn nur,
die Klinik Sonnenstein in Zürich anzurufen und Bärlach
unter dem Namen Blaise Kramer als frischoperierten,
bettlägerigen, aber reichen Patienten anzumelden.

„Du willst zu Emmenberger?" fragte Hungertobel bestürzt und setzte sich.

„Natürlich", antwortete Bärlach.

„Hans", sagte Hungertobel, „ich verstehe dich nicht.
Nehle ist tot."

„Ein Nehle ist tot", verbesserte der Alte. „Wir müssen
jetzt feststellen, welcher."

„Um Gottes willen", fragte der Arzt atemlos: „Gibt es
denn zwei Nehle?"

Bärlach nahm die Akten zur Hand. „Betrachten wir
zusammen den Fall", fuhr er ruhig fort, „und untersuchen
wir, was uns dabei auffällt. Du wirst sehen, unsere Kunst
setzt sich aus etwas Mathematik zusammen und aus sehr
viel Phantasie."

Er verstehe nichts, stöhnte Hungertobel, den ganzen
Morgen verstehe er nichts mehr.

Er lese die Angaben, fuhr der Kommissär fort: Große,
hagere Gestalt, die Haare grau, früher braunrot, die Augen grünlichgrau, Ohren abstehend, das Gesicht schmal
und bleich, mit Säcken unter den Augen, die Zähne gesund. Besonderes Kennzeichen: Narbe an der rechten Augenbraue.

Das sei er genau, sagte Hungertobel.

„Wer?" fragte Bärlach.

„Emmenberger", antwortete der Arzt. Er habe ihn aus
der Beschreibung erkannt.

Es sei aber die Beschreibung des in Hamburg tot aufge-
fundenen Nehle, entgegnete Bärlach, wie sie in den Akten
der Kriminalpolizei stehe.

Um so natürlicher, daß er die beiden verwechselt habe,
stellte Hungertobel befriedigt fest. „Jeder von uns kann
einem Mörder gleichen. Meine Verwechslung hat die einfachste Erklärung der Welt gefunden. Das mußt du doch
einsehen."

„Das ist ein Schluß", sagte der Kommissär. „Es sind
jedoch noch andere Schlüsse möglich, die auf den ersten
Blick nicht zwingend erscheinen, aber doch als ,auch möglich' näher untersucht werden müssen. Ein anderer Schluß
wäre: nicht Emmenberger war in Chile, sondern Nehle
unter dessen Namen, während Emmenberger unter des
andern Namen in Stutthof war."

Das sei ein unwahrscheinlicher Schluß, wunderte sich
Hungertobel. „Gewiß", antwortete Bärlach, aber ein zu-
lässiger. Sie müßten alle Möglichkeiten in Betracht ziehen.

„Wo kämen wir denn da um Gottes willen hin!"
protestierte der Arzt. „Da hätte Emmenberger sich in
Hamburg getötet und der Arzt, der jetzt die Klinik
Sonnenstein leitet, wäre Nehle."

„Hast du Emmenberger seit seiner Rückkehr aus Chile gesehen?" warf der Alte ein.

„Nur flüchtig",* antwortete Hungertobel stutzend und griff sich verwirrt an den Kopf. Die Brille hatte er endlich wieder aufgesetzt.

„Siehst du, diese Möglichkeit ist vorhanden!" fuhr der Kommissär fort. „Möglich wäre auch folgende Lösung: der Tote in Hamburg ist der aus Chile zurückgekehrte Nehle, und Emmenberger kehrte aus Stutthof, wo er den Namen Nehle führte, in die Schweiz zurück."

„Da müßten sie schon ein Verbrechen annehmen", sagte Hungertobel kopfschüttelnd, „um diese sonderbare These verfechten zu können."

„Richtig, Samuel!" nickte der Kommissär. „Wir müßten annehmen, daß Nehle von Emmenberger getötet worden sei."

„Wir können mit dem gleichen Recht auch das Umgekehrte annehmen: Nehle tötete Emmenberger. Deiner Phantasie sind offenbar nicht die geringsten Grenzen gesetzt."

„Auch diese These ist richtig", sagte Bärlach. „Auch sie können wir annehmen, wenigstens im jetzigen Grad der Spekulation."

Das sei alles Unsinn, sagte der alte Arzt verärgert.

„Möglich", antwortete Bärlach undurchdringlich.

Hungertobel wehrte sich energisch. Mit der primitiven Art und Weise, wie der Kommissär mit der Wirklichkeit vorgehe, könne kinderleicht bewiesen werden, was man nur wolle. Mit dieser Methode würde überhaupt alles in Frage gestellt, sagte er.

„Ein Kriminalist hat die Pflicht, die Wirklichkeit in Frage zu stellen", antwortete der Alte. „Das ist nun einmal so.* Wir müssen in diesem Punkt durchaus wie die Philosophen vorgehen, von denen es heißt, daß sie erst einmal alles bezweifeln, bevor sie sich hinter ihr Metier machen* und die schönsten Spekulationen über die Kunst zu sterben und vom Leben nach dem Tode ausdenken, nur daß wir vielleicht noch weniger taugen als sie. Wir haben zusammen verschiedene Thesen aufgestellt. Alle sind möglich. Dies ist der erste Schritt. Der nächste wird sein, daß wir von den möglichen Thesen die wahrscheinlichen unterscheiden. Das Mögliche und das Wahrscheinliche sind nicht dasselbe; das Mögliche braucht noch lange nicht das Wahrscheinliche zu sein. Wir müssen deshalb den Wahrscheinlichkeitsgrad unserer Thesen untersuchen. Wir haben zwei Personen, zwei Ärzte: auf der einen Seite Nehle, einen Verbrecher, und auf der andern deinen Jugendbekannten Emmenberger, den Leiter der Klinik Sonnenstein in Zürich. Wir haben im wesentlichen zwei Thesen aufgestellt, beide sind möglich. Ihr Wahrscheinlichkeitsgrad ist auf den ersten Blick verschieden. Die eine These behauptet, daß zwischen Emmenberger und Nehle keine Beziehung bestehe, und ist wahrscheinlich, die zweite setzt eine Beziehung und ist unwahrscheinlicher.''

Eben, unterbrach Hungertobel den Alten, das habe er immer gesagt.

„Lieber Samuel'', antwortete Bärlach, „ich bin leider nun einmal ein Kriminalist und verpflichtet, in den menschlichen Beziehungen die Verbrechen herauszufinden. Die erste These, die zwischen Nehle und Emmenberger keine Beziehung setzt, interessiert mich nicht. Nehle ist tot und gegen Emmenberger liegt nichts vor.* Dagegen zwingt mich mein Beruf, die zweite, unwahrscheinlichere These näher zu untersuchen. Was ist an dieser These wahrscheinlich? Sie besagt, daß Nehle und Emmenberger ihre Rollen vertauscht haben, daß Emmenberger als Nehle in Stutthof war und ohne Narkose an Häftlingen Operationen vornahm; ferner, daß Nehle in der Rolle des Emmenberger in Chile weilte und von dort Berichte und Abhandlungen an ärztliche Zeitschriften schickte; über das Weitere, den Tod Nehles in Hamburg und den jetzigen Aufenthalt Emmenbergers in Zürich ganz zu schweigen. Diese These ist phantastisch, das wollen wir erst einmal ruhig zugeben. Möglich ist sie insofern, als beide, Emmenberger und Nehle, nicht nur Ärzte sind, sondern sich zudem gleichen.* Hier ist der erste Punkt erreicht, bei dem wir zu verweilen haben. Es ist die erste Tatsache, die in unserer Spekulation, in diesem Gewirr von Möglichem und Wahrscheinlichem, auftaucht. Untersuchen wir diese Tatsache. Wie gleichen sich die beiden? Ähnlichkeiten treffen wir oft an, große Ähnlichkeiten seltener, am seltensten sind wohl Ähnlichkeiten, die auch in den zufälligen Dingen übereinstimmen, in Merkmalen, die nicht von der Natur, sondern von einem bestimmten Vorfall herrühren. Das ist hier so. Beide haben nicht nur die gleichen Haar- und Augenfarben, ähnliche Gesichtszüge, gleichen Körperbau und so weiter, sondern auch an der rechten Augenbraue die gleiche, eigentümliche Narbe."

Nun, das sei Zufall, sagte der Arzt.

„Oder auch Kunst", ergänzte der Alte. Hungertobel habe einst Emmenberger an der Augenbraue operiert. Was er denn gehabt habe?

Die Narbe stamme von einer Operation her, die man bei einer weit fortgeschrittenen Stirnhöhleneiterung anwenden müsse, antwortete Hungertobel.

„Den Schnitt führt man in der Augenbraue durch, damit die Narbe weniger sichtbar wird. Das ist mir damals bei Emmenberger wohl nicht recht gelungen. Ein gewisses Künstlerpech* muß da durchaus eine Rolle gespielt haben, ich operiere doch sonst geschickt. Die Narbe wurde deutlicher, als es für einen Chirurgen schicklich war, und außerdem fehlte nachher ein Teil der Braue", sagte er.

Ob diese Operation häufig vorkomme, wollte der Kommissär wissen.

Nun, antwortete Hungertobel, häufig nicht gerade. Man lasse eine Sache* in der Stirnhöhle gar nicht so weit kommen, daß man gleich operieren müsse.

„Siehst du" sagte Bärlach, „das ist nun das Merkwürdige: diese nicht allzuhäufige Operation wurde auch bei Nehle durchgeführt, und auch bei ihm weist die Braue eine Lücke vor, an der gleichen Stelle, wie es hier in den Akten steht: die Leiche in Hamburg wurde genau untersucht. Hatte Emmenberger am linken Unterarm eine handbreite Brandnarbe?"*

Warum er darauf komme, fragte Hungertobel verwundert. Emmenberger habe einmal bei einem chemischen Versuch einen Unfall gehabt.

Auch an der Leiche in Hamburg habe man diese Narbe gefunden, sagte Bärlach befriedigt. Ob Emmenberger diese Merkmale noch heute besitzt? Es wäre wichtig, das zu wissen — Hungertobel habe ihn flüchtig gesehen.

Letzten Sommer in Ascona,* antwortete der Arzt. Da habe er noch beide Narben gehabt, das sei ihm gleich aufgefallen. Emmenberger sei noch ganz der alte gewesen, habe einige boshafte Bemerkungen gemacht und ihn im übrigen kaum mehr erkannt.

„So", sagte der Kommissär, „er schien dich kaum mehr zu kennen. Du siehst, die Ähnlichkeit geht so weit, daß man nicht recht weiß, wer wer ist. Wir müssen entweder an einen seltenen und sonderbaren Zufall glauben, oder an einen Kunstgriff. Wahrscheinlich ist die Ähnlichkeit zwischen beiden im Grunde nicht so groß, wie wir jetzt glauben. Was in den amtlichen Papieren und in einem Paß ähnlich scheint, genügt nicht, um die beiden ohne weiteres zu verwechseln; wenn sich die Ähnlichkeit jedoch auch auf so zufällige Dinge erstreckt, ist die Chance grö-

ßer, daß einer den andern vertreten kann. Der Kunstgriff
einer Scheinoperation und eines künstlich herbeigeführten
Unfalls hätte dann den Sinn gehabt, die Ähnlichkeit
in eine Identität zu verwandeln. Doch können wir
in diesem Stand der Untersuchungen nur Vermutungen
aussprechen; aber du mußt zugeben, daß diese Art
von Ähnlichkeit unsere zweite These wahrscheinlicher
macht."

Ob es denn kein Bild Nehles außer der Photographie
in dem ‚Life‘ gebe, fragte Hungertobel.

„Drei Aufnahmen der hamburgischen Kriminalpolizei", antwortete der Kommissär, entnahm die Bilder den
Akten und gab sie seinem Freund hinüber. „Sie zeigen
einen Toten."

„Da ist nicht mehr viel zu erkennen", meinte Hungertobel nach einiger Zeit enttäuscht. Seine Stimme zitterte.
„Eine starke Ähnlichkeit mag vorhanden sein, ja, ich
kann mir denken, daß auch Emmenberger im Tode so
aussehen müßte. Wie hat sich Nehle denn das Leben genommen?"

Der Alte sah nachdenklich, fast lauernd zum Arzt hinüber, der recht hilflos in seinem weißen Kittel an seinem
Bette saß und alles vergessen hatte, Bärlachs Rausch und
die wartenden Patienten. „Mit Blausäure", antwortete
der Kommissär endlich. „Wie die meisten Nazis."

„In welcher Form?"

„Er zerbiß eine Kapsel* und verschluckte sie."

„Bei nüchternem Magen?"*

„Das hat man festgestellt."

Dies wirke auf der Stelle,* sagte Hungertobel, und auf
diesen Bildern scheine es, daß Nehle vor seinem Tode
etwas Entsetzliches gesehen habe. Die beiden schwiegen.

Endlich meinte der Kommissär: „Gehen wir weiter,
wenn auch Nehles Tod seine Rätsel haben wird; wir

haben noch die andern verdächtigen Punkte zu untersuchen."

„Ich verstehe nicht, wie du von weiteren verdächtigen
Punkten sprechen kannst", sagte Hungertobel verwundert und bedrückt zugleich. „Das ist doch übertrieben."*

„O nein", sagte Bärlach. „Da ist einmal dein Studienerlebnis.* Ich will es nur kurz berühren. Es hilft mir in
der Weise, als es mir einen psychologischen Anhaltspunkt
dafür gibt, warum Emmenberger unter Umständen zu
den Taten fähig wäre, die wir bei ihm annehmen müssen,
wenn er in Stutthof war. Doch ich komme zu einer anderen, wichtigeren Tatsache: ich bin hier im Besitz des
Lebenslaufs dessen, den wir unter dem Namen Nehle kennen. Seine Herkunft ist düster. Er wurde 1890 geboren,
ist also drei Jahre jünger als Emmenberger. Er ist Berliner.
Sein Vater is unbekannt, seine Mutter ein Dienstmädchen,
das den unehelichen Knaben bei den Großeltern ließ, ein
unstetes Leben führte, später ins Korrektionshaus kam und
dann verschwand. Der Großvater arbeitete bei den Bor-
sigwerken;* ebenfalls unehelich, ist er in seiner Jugend aus
Bayern nach Berlin gekommen. Die Großmutter ist eine
Polin. Nehle besuchte die Volksschule und rückte dann
vierzehn ein,* war bis fünfzehn Infanterist, wurde dann
in die Sanität versetzt, dies auf Antrag eines Sanitätsoffi-
ziers. Hier schien auch ein unwiderstehlicher Trieb zur
Medizin erwacht zu sein; er wurde mit dem Eisernen
Kreuz* ausgezeichnet, weil er mit Erfolg Notoperationen
durchführte. Nach dem Krieg arbeitete er als Medizingehilfe in verschiedenen Irrenhäusern und Spitälern, be-
reitete sich in der Freizeit auf die Maturität* vor, um Arzt
studieren* zu können, fiel jedoch zweimal in der Prüfung
durch:* er versagte in den alten Sprachen* und in der
Mathematik. Der Mann scheint nur für die Medizin be-
gabt gewesen zu sein. Dann wurde er Naturarzt und

Wunderdoktor, zu dem alle Schichten der Bevölkerung liefen, kam mit dem Gesetz in Konflikt,* wurde mit einer nicht allzu großen Buße* bestraft, weil, wie das Gericht feststellte, ‚seine medizinischen Kenntnisse erstaunlich seien‘. Eingaben wurden gemacht, die Zeitungen schrieben für ihn. Vergeblich. Dann ward es still um den Fall. Da er immer wieder rückfällig wurde,* drückte man schließlich ein Auge zu, Nehle dokterte* in den dreißiger Jahren in Schlesien, Westfalen, im Bayrischen und im Hessischen* herum. Dann nach zwanzig Jahren die große Wendung: achtunddreißig* besteht er die Maturität. (Siebenunddreißig wanderte Emmenberger von Deutschland nach Chile aus!) Die Leistung Nehles in den alten Sprachen und in der Mathematik waren glänzend. Auf der Universität wird ihm durch ein Dekret das Studium erlassen,* und er bekommt das Staatsdiplom nach einem wie die Maturität glänzendén Staatsexamen,* verschwindet jedoch zum allgemeinen Erstaunen als Arzt in den Konzentrationslagern.‘

„Mein Gott“, sagte Hungertobel, „was willst du daraus wieder schließen?“

„Das ist einfach“, antwortete Bärlach nicht ohne Spott: „Nehmen wir jetzt die Artikel zur Hand, die wir in der Schweizerischen medizinischen Wochenschrift von Emmenberger zur Verfügung haben, und die aus Chile stammen. Auch sie sind eine Tatsache, die wir nicht leugnen können, und die wir zu untersuchen haben. Diese Artikel seien* wissenschaftlich bemerkenswert. Ich will das glauben. Aber was ich nicht glauben kann, ist, daß sie von einem Menschen stammen, der sich durch einen literarischen Stil auszeichnen soll, wie du das von Emmenberger behauptest. Schwerfälliger kann man sich wohl kaum mehr ausdrücken.“

„Eine wissenschaftliche Abhandlung ist noch lange kein

Gedicht", protestierte der Arzt. „Auch Kant* hat schließlich kompliziert geschrieben."

„Laß mir den Kant in Ruh!"* brummte der Alte. „Der
hat schwierig, aber nicht schlecht geschrieben. Der Ver-
fasser dieser Beiträge aus Chile aber schreibt nicht nur
schwerfällig, sondern auch grammatikalisch falsch. Der
Mann scheint sich über den Dativ und den Akkusativ
nicht im klaren gewesen zu sein, wie man das von den
Berlinern behauptet, die auch nie wissen, ob man jetzt dir
oder dich sagt. Merkwürdig ist auch, daß er Griechisch
oft als Lateinisch bezeichnet, als hätte er von diesen Sprachen keine Ahnung, so zum Beispiel in der Nummer fünfzehn vom Jahre zweiundvierzig das Wort Gastrolyse."*

Im Zimmer herrschte eine tödliche Stille.

Minutenlang.

Dann zündete sich Hungertobel eine ‚Little-Rose of
Sumatra' an.

Bärlach glaube also, daß Nehle diese Abhandlung geschrieben habe? fragte er endlich.

Er halte es für wahrscheinlich, antwortete der Kommissär gelassen.

„Ich kann dir nichts mehr entgegnen", sagte der Arzt
düster.

„Wir dürfen jetzt nicht übertreiben", meinte der Alte
und schloß die Mappe auf seiner Bettdecke. „Ich habe dir
nur die Wahrscheinlichkeit meiner Thesen bewiesen. Aber
das Wahrscheinliche ist noch nicht das Wirkliche. Wenn
ich sage, daß es morgen wahrscheinlich regnet, braucht es
morgen doch nicht zu regnen. In dieser Welt ist der Ge-
danke mit der Wahrheit nicht identisch. Wir hätten es
sonst in vielem leichter, Samuel. Zwischen dem Gedanken
und der Wirklichkeit steht immer noch das Abenteuer
dieses Daseins, und das wollen wir nun denn in Gottes
Namen* bestehen."*

„Das hat doch keinen Sinn",* stöhnte Hungertobel und
sah hilflos nach seinem Freund, der, wie immer unbeweglich, die Hände hinter dem Kopf, in seinem Bette lag.

„Du begibst dich in eine fürchterliche Gefahr, wenn
deine Spekulation stimmt, denn Emmenberger ist dann
ein Teufel!" meinte er.

„Ich weiß", nickte der Kommissär.

„Es hat keinen Sinn", sagte der Arzt noch einmal, leise,
fast flüsternd.

„Die Gerechtigkeit hat immer Sinn", beharrte Bärlach
auf seinem Unternehmen. „Melde mich bei Emmenberger. Morgen will ich fahren."

„Am Silvester?"* Hungertobel sprang auf.

„Ja", antwortete der Alte, „am Silvester." Und dann
funkelten seine Augen spöttisch: „Hast du mir Emmenbergers Traktat über Astrologie mitgebracht?"

„Gewiß", stotterte der Arzt.

Bärlach lachte: „Dann gib es her, ich bin doch neugierig, ob nicht etwas über meinen Stern darin steht.
Vielleicht habe ich eben doch eine Chance."

Noch ein Besuch

Der fürchterliche Alte, der nun den Nachmittag damit verbrachte, einen ganzen Bogen mühsam vollzu-
schreiben, des weiteren* mit der Kantonalbank* und
einem Notar* telephonierte, dieser götzenhaft undurch-
sichtige Kranke, zu dem die Schwestern immer zögernder
gingen und der mit unerschütterlicher Ruhe seine Fäden
spann, einer Riesenspinne vergleichbar, unbeirrbar einen
Schluß an den andern fügend, erhielt gegen Abend, kurz
nachdem ihm Hungertobel mitgeteilt hatte, er könne am
Silvester im Sonnenstein eintreten, noch einen Besuch, von

dem man nicht wußte, kam er freiwillig,* oder war er vom
Kommissär gerufen. Der Besucher war ein kleiner, dürrer
Kerl mit einem langen Hals. Sein Leib steckte in einem
offenen Regenmantel, dessen Taschen mit Zeitungen voll-
gestopft waren. Unter dem Mantel trug er eine zerrissene
graue Kleidung mit braunen Streifen und ebenfalls überall
Zeitungen; um den schmutzigen Hals wand sich ein
zitronengelbes, fleckiges Seidentuch, auf dem Kopf klebte
an der Glatze eine Baskenmütze. Die Augen funkelten
unter buschigen Brauen, die starke Hakennase schien zu
groß für das Männchen, und der Mund darunter war erbärmlich eingefallen, denn die Zähne fehlten. Er sprach
laut vor sich hin, Verse, wie es schien, dazwischen tauch-
ten wie Inseln einzelne Worte auf, so etwa: Trolleybus,*
Verkehrspolizei; Dinge, über die er sich aus irgendeinem
Grund maßlos zu ärgern schien. Zu der armseligen Kleidung wollte der zwar elegante, aber ganz aus der Mode
gekommene schwarze Spazierstock mit einem silbernen
Griff nicht passen, der aus einem andern Jahrhundert
stammen mußte und mit dem er unmotiviert* herumfuchtelte.* Schon beim Haupteingang rannte er gegen eine
Krankenschwester, verbeugte sich, stammelte eine über-
schwengliche Entschuldigung, verirrte sich darauf hoff-
nungslos in die Geburtenabteilung, platzte fast in den Gebärsaal, wo alles in voller Tätigkeit war, wurde von einem
Arzt verscheucht, stolperte über eine Vase mit Nelken,
wie sie dort in Massen vor den Türen stehen; endlich führte
man ihn in den Neubau (man hatte ihn wie ein veräng-
stigtes Tier eingefangen), doch geriet ihm, noch bevor
er in des Alten Zimmer trat, der Stock zwischen die Beine
und schlitterte durch den halben Korridor, um hart gegen
eine Türe zu prallen, hinter der ein Schwerkranker* lag.

„Diese Verkehrspolizei!" rief der Besucher aus, als er
endlich vor Bärlachs Bett stand. (Gott sei Lob und Dank,

dachte die Lehrschwester, die ihn begleitet hatte.)
„Überall stehen sie herum. Eine ganze Stadt voll Verkehrspolizisten!"

„He",* antwortete der Kommissär, der vorsichtigerweise auf den aufgeregten Besucher einging,* „so eine Verkehrspolizei ist eben nun einmal nötig, Fortschig. In den
Verkehr muß Ordnung kommen, sonst gibt es noch mehr
Tote, als wir schon haben."

„Ordnung in den Verkehr!" rief Fortschig mit seiner
quietschenden Stimme. „Schön. Das ließe sich hören.
Aber dazu braucht man keine besondere Verkehrspolizei,
dazu braucht man vor allem mehr Vertrauen in die Anständigkeit des Menschen.* Das ganze Bern ist ein einziges Verkehrspolizistenlager geworden, kein Wunder,
daß da jeder Straßenbenützer wild wird. Aber das ist Bern
immer gewesen, ein trostloses Polizistennest, eine heillose
Diktatur hat in dieser Stadt seit jeher genistet. Schon
Lessing* wollte eine Tragödie über Bern schreiben, als ihm
der jämmerliche Tod des armen Henzi* gemeldet wurde.
Jammerschade, daß er sie nicht schrieb! Fünfzig Jahre
lebe ich jetzt in diesem Nest von einer Hauptstadt, und
was es für einen Wortsteller* heißt (ich stelle Worte auf,
nicht Schriften!), in dieser eingeschlafenen, dicken Stadt
zu vegetieren und zu hungern (man kriegt nichts als das
wöchentliche Literaturblatt* des ‚Bund'* vorgesetzt), will
ich nicht beschreiben. Schaudervoll,* höchst schaudervoll! Fünfzig Jahre schloß ich die Augen, wenn ich durch
Bern ging, schon im Kinderwagen habe ich das getan;
denn ich wollte diese Unglücksstadt nicht sehen, in der
mein Vater als irgendein Adjunkt zugrunde ging, und
jetzt, da ich die Augen öffne, was sehe ich? Verkehrspolizisten, überall Verkehrspolizisten."

„Fortschig", sagte der Alte energisch, „wir haben jetzt
nicht von der Verkehrspolizei zu reden", und er sah

streng nach der verkommenen und verschimmelten Gestalt hinüber, die sich auf den Stuhl gesetzt hatte und
jämmerlich hin und her schwankte mit großen Eulen-
augen, vom Elend geschüttelt.

„Ich weiß gar nicht, was mit Ihnen los ist", fuhr der
Alte fort. „Zum Teufel, Fortschig, Sie haben doch was auf
der Palette,* Sie waren doch ein ganzer Kerl, und der
‚Apfelschuß‘,* den Sie herausgeben, war eine gute Zeitung, wenn auch eine kleine; aber jetzt füllen Sie sie
mit lauter so gleichgültigem Zeug wie Verkehrspolizei,
Trolleybus, Hunden, Briefmarkensammlern, Kugelschrei-
bern, Radio-Programmen, Theaterklatsch, Trambillet-
ten,* Kinoreklame, Bundesräten* und Jassen.* Die Energie und das Pathos,* mit dem Sie gegen solche Dinge
anrennen — es geht bei Ihnen immer gleich zu wie in
Schillers Wilhelm Tell —, ist, weiß Gott, einer andern
Sache würdig."

„Kommissär", krächzte der Besuch,* „Kommissär!
Versündigen Sie sich nicht an einem Dichter, an einem
schreibenden Menschen, der das unendliche Pech hat, in
der Schweiz leben zu müssen und, was noch zehnmal
schlimmer ist, von der Schweiz* leben zu müssen."

„Nun, nun",* versuchte Bärlach zu begütigen; aber
Fortschig wurde immer wilder.

„Nun, nun", schrie er und sprang vom Stuhl auf, lief
zum Fenster und dann wieder zur Türe und so immer fort
wie ein Pendel. „Nun, nun, das ist leicht gesagt. Was ist
mit dem ‚Nun, nun‘ entschuldigt? Nichts! Bei Gott,
nichts! Zugegeben, ich bin eine lächerliche Figur geworden, beinahe eine solche wie unsere Habakuke, Theobalde,
Eustache und Mustache,* oder wie sie alle zu heißen vor-
geben, die unsere Spalten* in den lieben, langweiligen
Tageszeitungen mit ihren Abenteuern füllen, die sie mit
Kragenknöpfen, Ehefrauen und Rasierklingen zu beste-

hen* haben — unter dem Strich,* versteht sich; aber wer
ist nicht alles unter den Strich gesunken in diesem Lande,
wo man immer noch vom Raunen der Seele* dichtet,
wenn ringsum die ganze Welt zusammenkracht! Kommissär, Kommissär, was habe ich nicht versucht, um mir
ein menschenwürdiges Dasein zu schaffen mit meiner
Schreibmaschine; aber nicht einmal zum Einkommen
eines mittleren Dorfarmen* brachte ich es, ein Unternehmen nach dem andern mußte aufgegeben werden, eine
Hoffnung nach der andern, die besten Dramen, die feurig-
sten Gedichte, die erhabensten Erzählungen! Kartenhäuser, nichts als Kartenhäuser! Die Schweiz schuf mich
zu einem Narren, zu einem Spinnbruder,* zu einem Don
Quijote, der gegen Windmühlen und Schafherden*
kämpft. Da soll man für die Freiheit und Gerechtigkeit
und für jene andern Artikel einstehen, die man auf dem
vaterländischen Markt feilbietet, und eine Gesellschaft
hochhalten, die einen zwingt, die Existenz eines Schlufis*
und Bettlers zu führen, wenn man sich dem Geist verschreibt,* anstatt den Geschäften. Man will das Leben
genießen, aber keinen Tausendstel von diesem Genuß
abgeben, kein Weggli und kein Räppli,* und wie man
einmal in einem tausendjährigen Reich* den Revolver
entsicherte,* sobald man das Wort Kultur hörte, so
sichert man hierzulande das Portemonnaie."

„Fortschig", sagte Bärlach streng, „es ist nur gut,* daß
Sie mit dem Don Quijote kommen, das ist nämlich ein
Lieblingsthema von mir. Don Quijotes sollen wir wohl
alle sein, wenn wir nur ein wenig das Herz auf dem rechten Fleck haben und ein Körnchen Verstand unter der
Schädeldecke. Aber wir haben nicht gegen Windmühlen
zu kämpfen wie der alte schäbige Ritter mit der blecher-
nen Rüstung, mein Freund, es geht heute gegen gefährliche Riesen ins Feld, bald gegen Ungeheuer an Brutalität

und Verschlagenheit, bald gegen wahre Riesensaurier,* die seit jeher das Hirn eines Spatzen haben: alles Biester,* die nicht in den Märchenbüchern stehen oder in unserer Phantasie, sondern in der Wirklichkeit. Das ist nun einmal unsere Aufgabe, daß wir die Unmenschlichkeit in jeder Form und unter allen Umständen bekämpfen. Aber es ist nun eben wichtig, wie wir kämpfen, und daß wir auch ein wenig klug dabei vorgehen. Der Kampf gegen das Böse darf nicht ein Spiel mit dem Feuer sein. Doch gerade Sie, Fortschig, spielen mit dem Feuer, weil Sie einen guten Kampf unklug führen, gleich einem Feuerwehrmann,* der Öl spritzt statt Wasser. Wenn man die Zeitschrift liest, die Sie herausgeben, dieses armselige Blättchen, meint man gleich, die ganze Schweiz müsse abgeschafft werden. Daß in diesem Lande vieles — und wie vieles! — nicht in Ordnung ist, davon kann ich Ihnen doch ein Lied singen,* und ein wenig grau geworden bin ich schließlich auch darüber; aber deswegen gleich alles ins Feuer werfen, als wohne man in Sodom und Gomorra, ist ganz verkehrt und auch nicht recht manierlich.* Sie tun beinahe, als ob Sie sich schämten, dieses Land überhaupt noch zu lieben. Das gefällt mir nicht, Fortschig. Man soll sich seiner Liebe nicht schämen, und die Vaterlandsliebe ist immer noch eine gute Liebe, nur muß sie streng und kritisch sein, sonst wird sie eine Affenliebe. So soll man denn wohl hinters Fegen und Scheuern,* wenn man am Vaterland Flecken und schmutzige Stellen entdeckt, wie ja sogar auch der Herkules den Stall des Augias ausmistete* — diese Arbeit ist mir von seinen zehn die sympathischste —, aber gleich das ganze Haus abreißen ist sinnlos und nicht gescheit; denn es ist schwer, in dieser armen lädierten Welt ein neues Haus zu bauen; da braucht es mehr als eine Generation dazu, und wenn es endlich gebaut ist, wird es auch nicht besser sein als das

alte. Wichtig ist, daß die Wahrheit gesagt werden kann
und daß man den Kampf für sie führen darf und nicht
gleich nach Witzwil* kommt. Das ist in der Schweiz möglich, wir sollen das ruhig zugeben und auch dankbar dafür
sein, wir haben uns vor keinem Regierungs- oder Bundesrat* zu fürchten, oder wie die Räte alle heißen. Freilich,
es muß mancher dabei in Lumpen gehen und lebt etwas
ungemütlich ins Blaue hinein.* Daß dies eine Schweinerei
ist, gebe ich zu. Aber ein echter Don Quijote ist stolz auf
seine armselige Rüstung. Der Kampf gegen die Dumm-
heit und den Egoismus der Menschen war seit jeher
schwer und kostspielig, mit der Armut verbunden und mit
der Demütigung; aber er ist ein heiliger Kampf, der nicht
mit Jammern, sondern mit Würde ausgefochten werden
muß. Sie jedoch wettern und fluchen unseren guten
Bernern die Ohren sturm,* was für ein ungerechtes Schicksal Sie unter ihnen erleiden, und wünschen sich den
nächsten Kometenschwanz herbei, um unsere alte Stadt
in Trümmer zu schlagen. Fortschig, Fortschig, Sie durch-
setzen Ihren Kampf mit kleinlichen Motiven. Es muß
einer vom Verdacht frei sein, es gehe ihm nur um den
Brotkorb,* wenn er von der Gerechtigkeit reden will.
Kommen Sie wieder los von Ihrem Unglück und Ihren
zerschlissenen Hosen, die Sie nun eben tragen müssen, von
diesem Kleinkrieg mit nichtigen Dingen; es geht in dieser
Welt in Gottes Namen um mehr als um die Verkehrspolizei.‘‘

Fortschigs dürre Jammergestalt kroch wieder auf den
Sessel zurück, zog den langen gelben Hals ein und die
Beinchen hoch. Die Baskenmütze fiel unter den Sessel,
und das zitronengelbe Halstuch hing dem Männchen weh-
mütig auf die eingesunkene Brust.

,,Kommissär‘‘, sagte er weinerlich, ,,Sie sind streng zu
mir, wie ein Moses oder Jesaias* mit dem Volk Israel, und

ich weiß, wie recht Sie haben; doch seit vier Tagen aß ich
nichts Warmes,* und nicht einmal zum Rauchen habe ich
Geld.‘‘

Ob er denn nicht mehr bei Leibundguts* esse, fragte der
Alte stirnrunzelnd und plötzlich etwas verlegen.

,,Ich habe mit Frau Direktor Leibundgut einen Streit
über Goethes Faust* gehabt. Sie ist für den zweiten Teil
und ich dagegen. Da hat sie mich nicht mehr eingeladen.
Der zweite Teil von Faust sei das Allerheiligste für seine
Frau, hat mir der Direktor geschrieben, und er könne leider nichts mehr für mich tun‘‘, antwortete der Schriftsteller winselnd.

Der arme Teufel tat Bärlach leid. Er dachte, daß er
doch zu streng mit ihm gewesen sei, und brummte endlich
aus lauter Verlegenheit, was denn die Frau eines Schoko-
ladedirektors mit Goethe zu tun habe. ,,Wen laden die
Leibundguts denn jetzt ein?‘‘ wollte er schließlich wissen.
,,Wieder den Tennislehrer?‘‘

,,Bötzinger‘‘, antwortete Fortschig kleinlaut.

,,So hat wenigstens der für ein paar Monate jeden drit-
ten Tag was Gutes‘‘, meinte der Alte etwas ausgesöhnt.
,,Guter Musiker. Seine Kompositionen kann man sich
allerdings nicht anhören, obgleich ich doch noch von Konstantinopel her an schreckliche Geräusche gewöhnt bin.
Aber das ist ein anderes Blatt. Nur, denke ich, wird der
Bötzinger mit der Frau Direktor bald über Beethovens
Neunte* nicht einer Meinung sein. Und dann nimmt sie
doch wieder den Tennislehrer. Die sind geistig am besten
zu dominieren. Sie, Fortschig, will ich Grollbachs emp-
fehlen von der Kleiderhandlung Grollbach-Kühne; die
kochen gut, wenn auch ein wenig fettig. Ich glaube, das
könnte besser halten als bei Leibundguts. Grollbach ist
unliterarisch und interessiert sich weder für den Faust
noch für den Goethe.‘‘

„Und die Frau?" erkundigte sich Fortschig ängstlich.

„Stockschwerhörig", beruhigte ihn der Kommissär.

„Ein Glücksfall für Sie, Fortschig. Und nehmen Sie die kleine braune Zigarre zu sich, die auf dem Tischchen liegt. Eine ‚Little-Rose'; Dr. Hungertobel hat sie extra dagelassen, sie können ruhig in diesem Zimmer rauchen."

Fortschig steckte sich die ‚Little-Rose' umständlich in Brand.

„Wollen Sie für zehn Tage nach Paris fahren?" fragte der Alte wie beiläufig.

„Nach Paris?" schrie das Männchen und sprang vom Stuhl. „Bei meiner Seligkeit, falls ich eine besitze, nach Paris? Ich, der ich die französische Literatur wie kein zweiter verehre? Mit dem nächsten Zug!"

Fortschig schnappte vor Überraschung und Freude nach Luft.

„Fünfhundert Franken und ein Billett liegen für Sie beim Notar Butz in der Bundesgasse bereit", sagte Bärlach ruhig. „Die Fahrt tut Ihnen gut. Paris ist eine schöne Stadt, die schönste Stadt, die ich kenne, von Konstantinopel abgesehen; und die Franzosen, ich weiß nicht, Fortschig, die Franzosen sind doch die besten und kultiviertesten Kerle. Da kommt nicht einmal so ein waschechter Türke dagegen auf."*

„Nach Paris, nach Paris", stammelte der arme Teufel.

„Aber vorher brauche ich Sie in einer Affäre, die mir schwer auf dem Magen liegt", sagte Bärlach und faßte das Männchen scharf ins Auge. „Es ist eine heillose Sache."

„Ein Verbrechen?" zitterte der andere.

Es gelte eins aufzudecken, antwortete der Kommissär.

Fortschig legte langsam die ‚Little-Rose' auf den Aschenbecher neben sich. „Ist es gefährlich, was ich unternehmen muß?" fragte er leise mit großen Augen.

„Nein", sagte der Alte. „Es ist nicht gefährlich. Und

damit auch jede Möglichkeit der Gefahr beseitigt wir'p
schicke ich Sie nach Paris. Aber Sie müssen mir gehor-
chen. Wann erscheint die nächste Nummer des ‚Apfelschuß'?"

„Ich weiß nicht. Wenn ich Geld habe."

„Wann können Sie eine Nummer verschicken?" fragte
der Kommissär.

„Sofort", antwortete Fortschig.

Ob er den ‚Apfelschuß' allein herstelle, wollte Bärlach
wissen.

„Allein. Mit der Schreibmaschine und einem alten Ver-
vielfältigungsapparat", antwortete der Redaktor.

„In wieviel Exemplaren?"

„In fünfundvierzig. Es ist eben eine ganz kleine Zeitung", kam es leise vom Stuhl her. „Es haben nie mehr
als fünfzehn abonniert."

Der Kommissär überlegte einen Augenblick.

„Die nächste Nummer des ‚Apfelschuß' soll in einer
Riesenauflage erscheinen. In dreihundert Exemplaren.
Ich zahle Ihnen die ganze Auflage. Ich verlange nichts
von Ihnen, als daß Sie für diese Nummer einen bestimmten Artikel verfassen; was sonst noch darin steht, ist Ihre
Sache. In diesem Artikel (er überreichte ihm den Bogen)
wird das stehen, was ich hier niedergeschrieben habe; aber
in Ihrer Sprache,* Fortschig, in Ihrer besten möchte ich es
haben, wie in Ihrer guten Zeit. Mehr als meine Angaben
brauchen Sie nicht zu wissen, auch nicht, wer der Arzt ist,
gegen den sich das Pamphlet richtet. Meine Behauptun-
gen sollen Sie nicht irritieren; daß sie stimmen, dürfen Sie
mir glauben, ich bürge dafür. Im Artikel, den Sie an bestimmte Spitäler senden werden, steht nur eine Unwahr-
heit, die nämlich, daß Sie, Fortschig, die Beweise zu Ihrer
Behauptung in Händen hätten und auch den Namen des
Arztes wüßten. Das ist der gefährliche Punkt. Darum

müssen Sie nach Paris, wenn Sie den ‚Apfelschuß‘ auf die
Post gebracht haben. Noch in der gleichen Nacht.‘‘

„Ich werde schreiben, und ich werde fahren‘‘, versi-
cherte der Schriftsteller, den Bogen in der Hand, den ihm
der Alte überreicht hatte.

Er war ein ganz anderer Mensch geworden und tanzte
freudig von einem Bein auf das andere.

„Sie sprechen mit keinem Menschen von Ihrer Reise‘‘,
befahl Bärlach.

„Mit keinem Menschen. Mit keinem einzigen Menschen!‘‘ beteuerte Fortschig.

Wieviel denn die Herausgabe der Nummer koste,
fragte der Alte.

„Vierhundert Franken‘‘, forderte das Männchen mit
glänzenden Augen, stolz darüber, endlich zu etwas Wohl-
stand zu kommen.

Der Kommissär nickte. „Sie können das Geld bei meinem guten Butz holen. Wenn Sie sich beeilen, gibt er es
Ihnen schon heute, ich habe mit ihm telephoniert. — Sie
werden fahren, wenn die Nummer heraus ist?‘‘ fragte er
noch einmal, von einem unbesiegbaren Mißtrauen* erfüllt.

„Sofort‘‘, schwur der kleine Kerl und streckte drei Finger in die Höhe. „In der gleichen Nacht. Nach Paris.‘‘

Aber ruhig wurde der Alte nicht, als Fortschig gegangen war. Der Schriftsteller kam ihm unzuverlässiger vor
denn je. Er überlegte sich, ob er Lutz bitten sollte, Fortschig überwachen zu lassen.

„Unsinn‘‘, sagte er sich dann. „Die haben mich entlassen. Den Fall Emmenberger erledige ich selbst. Fortschig
wird den Artikel gegen Emmenberger schreiben, und da
er reist, muß ich mir keine grauen Haare wachsen lassen.*
Nicht einmal Hungertobel braucht davon etwas zu wissen. Der sollte jetzt kommen. Ich hätte eine ‚Little-Rose‘
nötig.‘‘*

ZWEITER TEIL

Ritter, Tod und Teufel, by Albrecht Dürer

(see p. 107)

the abyss

Der Abgrund

So erreichte denn am Freitag beim Hereinbrechen
der Nacht — es war der letzte Tag des Jahres — der Kommissär, die Beine hochgebettet,* im Wagen die Stadt
Zürich. Hungertobel fuhr selbst, und dies, weil er sich um
den Freund Sorgen machte, noch vorsichtiger als gewöhnlich. Die Stadt leuchtete gewaltig in ihren Lichtkaskaden
auf. Hungertobel geriet in dichte Wagenschwärme,* die
von allen Seiten in diese Lichtfülle hineinglitten, sich in die
Nebengassen verteilten und ihre Eingeweide öffneten,
aus denen es nun herausquoll, Männer, Weiber, alle gierig
auf diese Nacht, auf dieses Ende des Jahres, alle bereit,
ein neues anzufangen und weiterzuleben. Der Alte saß
unbeweglich hinten im Wagen, verloren in der Dunkelheit des kleinen gewölbten Raumes. Er bat Hungertobel,
nicht den direktesten Weg zu nehmen. Er schaute lauernd
in das unermüdliche Treiben. Die Stadt Zürich war ihm
sonst nicht recht sympathisch, vierhunderttausend Schweizer auf einem Fleck fand er etwas übertrieben; die Bahnhofstraße,* durch die sie jetzt fuhren, haßte er, doch bei
dieser geheimnisvollen Fahrt nach einem ungewissen und
drohenden Ziel — (bei dieser Fahrt nach der Realität, wie
er zu Hungertobel sagte) — faszinierte ihn die Stadt. Aus
dem schwarzen, glanzlosen Himmel herab fing es an zu
regnen, dann zu schneien, um endlich wieder zu regnen,
silberne Fäden in den Lichtern. Menschen, Menschen!
Immer neue Massen wälzten sich auf beiden Seiten der
Straße dahin, hinter den Vorhängen von Schnee und Regen. Die Trams* waren überfüllt, schemenhaft leuchteten
hinter den Scheiben* Gesichter auf, Hände, die Zeitungen
umklammerten, alles phantastisch im silbernen Licht,

vorüberziehend, versinkend. Zum erstenmal seit seiner Krankheit kam sich Bärlach als einer vor, dessen Zeit vorbei war, der die Schlacht mit dem Tode, diese unabänderliche Schlacht, verloren hatte. Der Grund, der ihn unwiderstehlich nach Zürich trieb, dieser mit zäher Energie ausgebaute und doch wieder nur zufällig in den müden Wellen der Krankheit zusammengeträumte Verdacht, schien ihm nichtig und wertlos; was sollte man sich noch abmühen, wozu, weshalb? Er sehnte sich nach einem Zurücksinken, nach endlosem, traumlosem Schlaf. Hungertobel fluchte innerlich, er spürte die Resignation des Alten hinter sich und machte sich Vorwürfe, dem Abenteuer nicht Einhalt geboten* zu haben. Die unbestimmte nächtliche Fläche des Sees flutete ihnen entgegen, der Wagen glitt langsam über die Brücke. Ein Verkehrspolizist tauchte auf, ein Automat, der mechanisch die Arme und Beine bewegte. Bärlach dachte flüchtig an Fortschig (an den unseligen Fortschig, der jetzt in Bern, in einer schmutzigen Dachkammer, mit fiebriger Hand das Pamphlet schrieb), dann verlor er auch diesen Halt.* Er lehnte sich zurück und schloß die Augen. Die Müdigkeit wurde gespenstischer, gewaltiger in ihm.

„Man stirbt‟, dachte er; „einmal stirbt man, in einem Jahr, wie die Städte, die Völker und die Kontinente einmal sterben. Krepieren‟,* dachte er, „dies ist das Wort: krepieren — und die Erde wird sich immer noch um die Sonne drehen, in der immer gleichen unmerklich schwankenden Bahn, stur* und unerbittlich, in rasendem und doch so stillem Lauf, immerzu, immerzu. Was liegt daran, ob diese Stadt hier lebt oder ob die graue, wäßrige, leblose Fläche alles zudeckt, die Häuser, die Türme, die Lichter, die Menschen — waren es die bleiernen Wogen des Toten Meeres, die ich durch die Dunkelheit von Regen und Schnee schwimmen sah, als wir über die Brücke fuhren?‟

Ihm wurde kalt. Die Kälte des Weltalls, diese nur von
ferne erahnte, große, steinige Kälte senkte sich auf ihn;
die flüchtige Spur eine Sekunde lang, eine Ewigkeit lang.
Er öffnete die Augen und starrte aufs neue hinaus. Das
Schauspielhaus* tauchte auf, verschwand. Der Alte sah
vorne seinen Freund; die Ruhe des Arztes, diese gütige
Ruhe tat ihm wohl (er ahnte nicht dessen Unbehagen).
Vom Anhauch des Nichts gestreift,* wurde er wieder wach
und tapfer. Bei der Universität bogen sie nach rechts, die
Straße stieg, wurde dunkler, eine Kurve schloß sich an die
andere, der Alte ließ sich treiben,* hell, aufmerksam, un-
erschütterlich.

Der Zwerg

Hungertobels Wagen hielt in einem Park, dessen
Tannen unmerklich in den Wald übergehen mußten, wie
Bärlach vermutete; denn er konnte den Waldrand, der
den Horizont abschloß, nur ahnen. Hier oben schneite es
nun in großen, reinen Flocken; durch den fallenden
Schnee erblickte der Alte undeutlich die Front des lang-
gestreckten Spitals. Das hellerleuchtete Portal, in dessen
Nähe der Wagen stand, war tief in die Front eingelassen
und von zwei Fenstern flankiert, die kunstvoll vergittert
waren und von denen aus man das Portal überwachen
konnte, wie der Kommissär dachte. Hungertobel steckte
schweigend eine ‚Little-Rose‘ in Brand, verließ den Wagen
und verschwand im Eingang. Der Alte war allein. Er
beugte sich vor und überschaute das Gebäude, so weit dies
in der Dunkelheit möglich war. „Der Sonnenstein“,
dachte er, „die Wirklichkeit.“ Der Schnee fiel dichter,
kein einziges der vielen Fenster war erleuchtet, nur manchmal flackerte durch die fallenden Massen ein undeutlicher

Schein; wie tot lag der weiße, gläserne, modern kon-
struierte Komplex vor ihm. Der Alte wurde unruhig,
Hungertobel schien nicht zurückkehren zu wollen;* er
schaute auf die Uhr, es mußte jedoch kaum eine Minute
vergangen sein. „Ich bin nervös", dachte er und lehnte
sich zurück, in der Absicht, die Augen zu schließen.

Da fiel Bärlachs Blick durch die Wagenscheibe, an der
außen der geschmolzene Schnee in breiten Spuren hin-
unterlief, auf eine Gestalt, die im Gitter* des Fensters hing,
das sich links vom Spitaleingang befand. Zuerst glaubte
er einen Affen zu sehen, dann aber erkannte er erstaunt,
daß es ein Zwerg war, einer, wie man ihn bisweilen im
Zirkus zur Belustigung des Publikums antrifft. Die kleinen Hände und Füße waren nackt und umklammerten
nach Affenart* das Gitter, während sich der riesenhafte
Schädel dem Kommissär zuwandte. Es war ein zusam-
mengeschrumpftes, uraltes Gesicht von einer bestialischen
Häßlichkeit, mit tiefen Rissen und Falten, entwürdigt*
von der Natur selbst, das den Alten mit großen, dunklen
Augen anglotzte, unbeweglich wie ein verwitterter, moos-
überwachsener Stein. Der Kommissär beugte sich vor und
preßte sein Gesicht gegen die nasse Scheibe, um besser, genauer zu sehen, doch schon war der Zwerg verschwunden,
mit einem katzenhaften Sprung rückwärts ins Zimmer,
wie es schien; das Fenster war leer und dunkel. Nun kam
Hungertobel und hinter ihm zwei Schwestern, doppelt
weiß in diesem unaufhörlichen Schneetreiben. Der Arzt
öffnete den Wagen und erschrak, als er Bärlachs bleiches
Gesicht bemerkte.

Was mit ihm los sei, flüsterte er.

Nichts, gab der Alte zur Antwort. Er müsse sich nur an
dieses moderne Gebäude gewöhnen. Die Wirklichkeit sei
doch immer wieder ein wenig anders, als man so glaube.

Hungertobel spürte, daß der Alte etwas verschwieg,*

und blickte mißtrauisch nach ihm. „Nun", entgegnete er, leise wie vorhin, „es wäre soweit."*

Ob er Emmenberger gesehen habe, flüsterte der Kommissär.

Er habe mit ihm gesprochen, berichtete Hungertobel. „Es ist kein Zweifel möglich, Hans, daß er es ist. Ich habe mich in Ascona nicht getäuscht."

Die beiden schwiegen. Draußen warteten, schon etwas ungeduldig, die Schwestern.

„Wir jagen einem Phantom nach", dachte Hungertobel. „Emmenberger ist ein harmloser Arzt, und dieses Spital ist eines wie andere auch, nur kostspieliger."*

Hinten im Wagen, in dem nun fast undurchdringlichen Schatten saß der Kommissär und wußte genau, was Hungertobel dachte.

„Wann wird er mich untersuchen?" fragte er.

„Jetzt", antwortete Hungertobel.

Der Arzt spürte, wie der Alte munter wurde. „Dann nimm hier Abschied von mir, Samuel", sagte Bärlach, „du kannst dich nicht verstellen,* und man darf nicht wissen, daß wir Freunde sind. Von diesem ersten Verhör wird viel abhängen."

„Verhör?" wunderte sich Hungertobel.

„Was denn sonst?" antwortete der Kommissär spöttisch. „Emmenberger wird mich untersuchen und ich ihn vernehmen."*

Sie reichten einander die Hand.

Die Schwestern kamen. Nun waren es vier. Der Alte wurde auf einen Rollwagen* von blitzendem Metall gehoben. Zurücksinkend sah er noch, wie Hungertobel den Koffer herausgab. Dann blickte der Alte hinauf, in eine schwarze, leere Fläche, von der die Flocken herunterschwebten in leisen, unbegreiflichen Wirbeln, wie tanzend, wie versinkend, im Licht aufleuchtend, um einen

Augenblick naß und kalt sein Gesicht zu berühren. „Der Schnee wird nicht lange halten",* dachte er. Das Rollbett wurde durch den Eingang geschoben, von draußen hörte er noch, wie sich Hungertobels Wagen entfernte. „Er fährt, er fährt", sagte er leise vor sich hin. Über dem Alten wölbte sich eine weiße, blitzende Decke, von großen Spiegeln unterbrochen,* in denen er sich sah, ausgestreckt und hilflos; ohne Erschütterung und ohne Geräusch glitt der Wagen durch geheimnisvolle Korridore, nicht einmal die Schritte der Schwestern waren zu hören. An den gleißenden Wänden zu beiden Seiten klebten schwarze Ziffern, unsichtbar waren die Türen in das Weiß eingefügt, in einer Nische dämmerte der nackte feste Leib einer Statue. Von neuem nahm Bärlach* die sanfte und doch grausame Welt eines Spitals auf.

Und hinter ihm das rote, dicke Gesicht einer Krankenschwester, die den Wagen schob.

Der Alte hatte wieder die Hände hinter seinem Nacken verschränkt.

„Gibt es hier einen Zwerg?" fragte er auf Hochdeutsch,* denn er hatte sich als einen Auslandschweizer* anmelden lassen.

Die Krankenschwester lachte. „Aber Herr Kramer", sagte sie, „wie kommen Sie auf eine solche Idee?"

Sie sprach ein schweizerisch gefärbtes Hochdeutsch, aus dem er schließen konnte, daß sie eine Bernerin* war. So sehr ihn die Antwort mißtrauisch machte, so schien ihm dies dann doch wieder etwas Positives. Er war hier wenigstens unter Bernern.

Und er fragte: „Wie heißen Sie denn, Schwester?"

„Ich bin die Schwester Kläri."

„Aus Bern, nicht wahr?"

„Aus Biglen,* Herr Kramer."

Die würde er bearbeiten,* dachte der Kommissär.

Das Verhör

Bärlach, den die Schwester in einen, wie es auf den ersten Blick schien, gläsernen Raum schob, der sich in gleißender Helle vor ihm auftat, erblickte zwei Gestalten: leicht gebückt, hager die eine, ein Weltmann auch im Berufsmantel, mit dicker Hornbrille, die jedoch die Narbe an der rechten Braue nicht zu verdecken vermochte, Doktor Fritz Emmenberger. Des Alten Blick streifte den Arzt vorerst nur flüchtig; mehr beschäftigte er sich mit der Frau, die neben dem Manne stand, den er verdächtigte. Frauen machten ihn neugierig. Er betrachtete sie mißtrauisch. Als Berner waren ihm „studierte" Frauen* unheimlich. Die Frau war schön, das mußte er zugeben, und als alter Junggeselle hatte er eine doppelte Schwäche dafür; sie war eine Dame, das sah er auf den ersten Blick, so vornehm und so zurückhaltend stand sie in ihrem weißen Ärztemantel neben Emmenberger (der doch ein Massenmörder sein konnte), aber sie war ihm doch etwas zu nobel.* Man könnte sie direkt auf einen Sockel stellen, dachte der Kommissär erbittert.

„Grüeßech",* sagte er, sein Hochdeutsch fallenlassend, das er noch eben mit Schwester Kläri gesprochen hatte; es freue ihn, einen so berühmten Arzt kennenzulernen.

„Er spreche ja Berndeutsch",* antwortete der Arzt ebenfalls im Dialekt.

Als Auslandberner* werde er sein Miuchmäuchterli* wohl noch können, brummte der Alte.

Nun, das habe er festgestellt, lachte Emmenberger. Die kunstgerechte Aussprache des Miuchmäuchterli sei immer noch das Kennwort der Berner.

„Hungertobel hat recht", dachte Bärlach. „Nehle ist der nicht. Ein Berliner hätte es nie zum Miuchmäuchterli gebracht."*

Er schaute sich die Dame von neuem an.

„Meine Assistentin, Frau Doktor Marlok", stellte der Arzt vor.

„So", sagte der Alte trocken, das freue ihn ebenfalls. Und dann fragte er unvermittelt, den Kopf ein wenig nach dem Arzt drehend: „Waren Sie nicht in Deutschland, Doktor Emmenberger?"

„Vor Jahren", antwortete der Arzt, „da war ich einmal dort, doch meistens in Santiago in Chile"; nichts verriet indessen, was er denken mochte und ob ihn die Frage beunruhige.

„In Chile, in Chile", sagte der Alte und dann noch einmal:

„In Chile, in Chile."

Emmenberger steckte sich eine Zigarette in Brand und ging zum Schaltpult; nun lag der Raum im Halbdunkeln, notdürftig von einer kleinen blauen Lampe über dem Kommissär erhellt. Nur der Operationstisch war sichtbar, und die Gesichter der zwei vor ihm stehenden weißen Gestalten; auch erkannte der Alte, daß der Raum mit einem Fenster abgeschlossen wurde, durch welches von außen her einige ferne Lichter brachen. Der rote Punkt der Zigarette, die Emmenberger rauchte, bewegte sich auf und nieder.

„In solchen Räumen raucht man sonst nicht", fuhr es dem Kommissär durch den Kopf. „Ein wenig habe ich ihn doch schon aus der Fassung gebracht."*

Wo denn Hungertobel geblieben sei, fragte der Arzt.

Den habe er fortgeschickt, antwortete Bärlach. „Ich will, daß Sie mich ohne sein Dabeisein untersuchen."

Der Arzt schob seine Brille in die Höhe. „Ich glaube, daß wir zu Doktor Hungertobel doch wohl Vertrauen haben können."

„Gewiß", antwortete Bärlach.

„Sie sind krank", fuhr Emmenberger fort, „die Operation war gefährlich und gelingt nicht immer. Hungertobel
sagte mir, daß Sie sich darüber im klaren sind. Das ist gut.
Wir Ärzte brauchen mutige Patienten, denen wir die
Wahrheit sagen dürfen. Ich hätte die Anwesenheit Hungertobels bei der Untersuchung begrüßt, und es tut mir
leid, daß Hungertobel Ihrem Wunsche nachgekommen*
ist. Wir müssen als Mediziner zusammenarbeiten, das ist
eine Forderung der Wissenschaft."

Das könne er als Kollege gut verstehen, antwortete der
Kommissär.

Emmenberger wunderte sich. Was er denn damit
meine, fragte er. Seines Wissens* sei Herr Kramer kein
Arzt.

„Das ist einfach", lachte der Alte. „Sie spüren Krank-
heiten auf und ich Kriegsverbrecher."

Emmenberger steckte sich eine neue Zigarette in Brand.
„Für einen Privatmann wohl eine nicht ganz ungefähr-
liche Beschäftigung", sagte er gelassen.

„Eben", antwortete Bärlach, „und nun bin ich mitten
im Suchen krank geworden und zu Ihnen gekommen. Das
nenne ich Pech, hier auf dem Sonnenstein zu liegen; oder
ist es ein Glück?"

Über den Krankheitsverlauf könne er noch keine Prognose stellen, antwortete Emmenberger. Hungertobel
scheine nicht gerade zuversichtlich zu sein.

„Sie haben mich ja auch noch nicht untersucht", sagte
der Alte. „Und dies ist auch der Grund, warum ich unseren braven* Hungertobel nicht bei der Untersuchung haben wollte. Wir müssen unvoreingenommen sein, wenn
wir in einem Fall weiterkommen wollen. Und weiterkommen wollen wir nun einmal, Sie und ich, denke ich. Es
gibt nichts Schlimmeres, als sich von einem Verbrecher
oder auch von einer Krankheit eine Vorstellung zu

machen, bevor man den Verdächtigen in seiner Umgebung studiert und seine Gewohnheiten untersucht hat."

Da habe er recht, entgegnete der Arzt. Obgleich er als Mediziner nichts von Kriminalistik verstehe, leuchte ihm das ein. Nun, er hoffe, daß sich Herr Kramer auf dem Sonnenstein etwas von seinem Beruf werde erholen können.

Dann zündete er sich eine dritte Zigarette an und meinte: „Ich denke, daß die Kriegsverbrecher sie hier in Ruhe lassen."

Emmenbergers Antwort machte den Alten einen Augenblick mißtrauisch. „Wer verhört wen?" dachte er und schaute in Emmenbergers Gesicht, in dieses im Licht der einzigen Lampe maskenhafte Antlitz mit den blitzenden Brillengläsern, hinter denen die Augen übergroß und spöttisch schienen.

„Lieber Doktor", sagte er, „Sie werden auch nicht behaupten, in einem bestimmten Lande gebe es keinen Krebs."

„Das soll doch nicht etwa heißen, daß es in der Schweiz Kriegsverbrecher gebe!" lachte Emmenberger belustigt.

Der Alte sah den Arzt prüfend an. „Was in Deutschland geschah, geschieht in jedem Land, wenn gewisse Bedingungen eintreten. Diese Bedingungen mögen verschieden sein. Kein Mensch, kein Volk ist eine Ausnahme. Von einem Juden, Doktor Emmenberger, den man in einem Konzentrationslager ohne Narkose operierte, hörte ich, es gebe nur einen Unterschied bei den Menschen: den zwischen den Peinigern und den Gepeinigten. Ich glaube jedoch, es gibt auch den Unterschied zwischen den Versuchten und den Verschonten.* Da gehören denn wir Schweizer, Sie und ich, zu den Verschonten, was eine Gnade ist und kein Fehler, wie viele sagen; denn wir sollen ja auch beten: ‚Führe uns nicht in Versuchung'. So bin

ich denn in die Schweiz gekommen, nicht um Kriegsverbrecher im allgemeinen zu suchen, sondern um einen
Kriegsverbrecher aufzuspüren, von dem ich freilich nicht
viel mehr denn ein undeutliches Bild kenne. Aber nun bin
ich krank, Doktor Emmenberger, und die Jagd ist über
Nacht zusammengebrochen, so daß der Verfolgte noch
nicht einmal weiß, wie sehr ich ihm auf der Spur war. Ein
jämmerliches Schauspiel."

Dann habe er freilich kaum eine Chance mehr, den Ge-
suchten zu finden, antwortete der Arzt gleichgültig und
blies den Zigarettenrauch von sich, der über des Alten
Haupt einen feinen, milchig aufleuchtenden Ring bildete.
Bärlach sah, wie er der Ärztin mit den Augen ein Zeichen
gab, die ihm nun eine Injektionsspritze reichte. Emmenberger verschwand für einen Augenblick im Dunkel des
Saales, dann, als er wieder sichtbar wurde, hatte er eine
Tube* bei sich.

„Ihre Chancen sind gering", sagte er aufs neue, indem
er die Spritze mit einer farblosen Flüssigkeit füllte.

Aber der Kommissär widersprach.

„Ich habe noch eine Waffe", sagte er. „Nehmen wir
Ihre Methode, Doktor. Sie empfangen mich, wie ich an
diesem letzten trüben Tag des Jahres von Bern her durch
Schneegestöber und Regen in Ihr Spital komme, zur
ersten Untersuchung im Operationssaal. Warum tun Sie
das? Es ist doch ungewöhnlich, daß ich gleich in einen
Raum geschoben werde, vor dem ein Patient Grauen
empfinden muß. Sie tun dies, weil Sie mir Furcht einflö-
ßen wollen, denn mein Arzt können Sie nur sein, wenn
Sie mich beherrschen, und ich bin ein eigenwilliger Kranker, das wird Ihnen Hungertobel gesagt haben. Da werden Sie sich eben zu dieser Demonstration entschlossen
haben. Sie wollen mich beherrschen, um mich heilen zu
können, und da ist eben die Furcht eines der Mittel, das Sie

anwenden müssen. So ist es auch in meinem verteufelten Beruf. Unsere Methoden sind die gleichen. Ich kann nur noch mit der Furcht gegen den vorgehen, den ich suche.''

Die Spritze in Emmenbergers Hand war gegen den Alten gerichtet. ,,Sie sind ein ausgekochter Psychologe'',* lachte der Arzt. ,,Es ist wahr, ich wollte Ihnen mit diesem Saal ein wenig imponieren.* Die Furcht ist ein notwendiges Mittel. Doch bevor ich zu meiner Kunst greife, wollen wir doch die Ihre zu Ende hören. Wie wollen Sie vorgehen? Ich bin gespannt. Der Verfolgte weiß nicht, daß Sie ihn verfolgen, wenigstens sind dies Ihre eigenen Worte.''

,,Er ahnt es, ohne es genau zu wissen, und das ist gefährlicher für ihn'', antwortete Bärlach. ,,Er weiß, daß ich in der Schweiz bin und daß ich einen Kriegsverbrecher suche. Er wird seinen Verdacht beschwichtigen und sich immer wieder beteuern, daß ich einen andern suche und nicht ihn. Denn durch eine meisterhafte Maßnahme hatte er sich gesichert und sich aus der Welt des schrankenlosen Verbrechens in die Schweiz gerettet, ohne seine Person mit hinüberzunehmen. Ein großes Geheimnis. Aber in der dunkelsten Kammer seines Herzens wird er ahnen, daß ich ihn suche und niemand andern, nur ihn, immer nur ihn. Und er wird Furcht haben, immer größere Furcht, je unwahrscheinlicher es für seinen Verstand sein wird, daß ich ihn suche, während ich, Doktor, in diesem Spital in meinem Bett liege mit meiner Krankheit, mit meiner Ohnmacht.''* Er schwieg.

Emmenberger sah ihn seltsam, fast mitleidig an, die Spritze in der ruhigen Hand.

,,Ich zweifle an Ihrem Erfolg'', sagte er gelassen. ,,Aber ich wünsche Ihnen Glück.''

,,An seiner Furcht wird er krepieren'', antwortete der Alte unbeweglich.

Emmenberger legte die Spritze langsam auf den kleinen Tisch aus Glas und Metall, der neben dem Rollbett stand. Da lag sie nun, ein bösartiges, spitzes Ding. Emmenberger stand ein wenig vornübergeneigt. „Meinen Sie?" sagte er endlich. „Glauben Sie?" Seine schmalen Augen zogen sich hinter der Brille fast unmerklich zusammen. „Es ist erstaunlich, heutzutage noch einen so hoffnungsfrohen Optimisten zu sehen. Ihre Gedankengänge sind kühn; hoffen wir, daß die Realität Sie einmal nicht zu sehr düpiert. Es wäre traurig, wenn Sie zu entmutigenden Resultaten kämen." Er sagte dies leise, etwas verwundert. Dann ging er langsam in die Dunkelheit des Raumes zurück, und es wurde wieder hell. Der Operationssaal lag in grellem Licht. Emmenberger stand beim Schaltbrett.

„Ich werde Sie später untersuchen, Herr Kramer", sagte er lächelnd. „Ihre Krankheit ist ernst. Das wissen Sie. Der Verdacht, sie könnte lebensgefährlich sein, ist nicht behoben.* Ich habe nach unserem Gespräch leider diesen Eindruck. Offenheit verdient Offenheit. Die Untersuchung wird nicht eben leicht sein, da sie einen gewissen Eingriff verlangt. Den wollen wir doch lieber nach Neujahr unternehmen, nicht wahr? Ein schönes Fest soll man nicht stören. Die Hauptsache ist, daß ich Sie vorerst in Obhut genommen habe."

Bärlach antwortete nicht.

Emmenberger drückte die Zigarette aus. „Teufel, Doktorin", sagte er, „da habe ich ja im Operationszimmer geraucht. Herr Kramer ist ein aufregender Besuch.* Sie sollten ihm und mir mehr auf die Finger klopfen."*

„Was ist denn das?" fragte der Alte, wie ihm die Ärztin zwei rötliche Pillen gab.

„Nur ein Beruhigungsmittel", sagte sie. Doch das Wasser, das sie ihm reichte, trank er mit noch größerem Unbehagen.

„Läuten Sie der Schwester", befahl Emmenberger vom Schaltbrett her.

In der Türe erschien Schwester Kläri. Sie kam dem Kommissär wie ein gemütlicher Henker vor. „Henker sind immer gemütlich", dachte er.

„Welches Zimmer haben Sie denn unserem Herrn Kramer bereitgemacht?" fragte der Arzt.

„Nummer zweiundsiebzig, Herr Doktor", antwortete Schwester Kläri.

„Geben wir ihm das Zimmer fünfzehn", sagte Emmenberger. „Da haben wir ihn besser unter Kontrolle."*

Die Müdigkeit kam wieder über den Kommissär, die er schon in Hungertobels Wagen gespürt hatte.

Als die Schwester den Alten in den Korridor zurückrollte, machte der Wagen eine scharfe Wendung. Da sah Bärlach, sich noch einmal aus seiner Müdigkeit emporreißend, Emmenbergers Gesicht.

Er sah, daß ihn der Arzt aufmerksam beobachtete, lächelnd und heiter.

Von einem Fieberfrost geschüttelt, fiel er zurück.

Das Zimmer

Als er erwachte (es war immer noch Nacht, gegen halb elf; er mußte bei* drei Stunden geschlafen haben, dachte er), befand er sich in einem Zimmer, das er verwundert und nicht ohne Besorgnis, aber doch mit einer gewissen Befriedigung betrachtete: da er Krankenzimmer haßte, gefiel es ihm, daß dieser Raum mehr einem Studio glich, einem technischen Raum, kalt und unpersönlich, soweit er dies im blauen Schein der Nachttischlampe erkennen konnte, die man zu seiner Linken hatte brennen lassen. Das Bett, in welchem er — nun im Nachthemd —

gut zugedeckt lag, war immer noch der gleiche Rollwagen, auf dem man ihn hereingebracht hatte; er erkannte ihn sofort, wenn er auch mit einigen Handgriffen* verändert worden war.

„Man ist hier praktisch",* sagte der Alte halblaut in die Stille hinein. Er ließ den Lichtkegel der nach allen Seiten drehbaren Lampe durch den Raum gleiten; ein Vorhang tauchte auf, hinter dem sich das Fenster verbergen mußte; er war mit seltsamen Pflanzen und Tieren bestickt, die im Lichte aufleuchteten. „Man sieht, daß ich auf der Jagd bin", sagte er sich.

Er legte sich ins Kissen zurück und überdachte das nun Erreichte. Es war wenig genug. Er hatte seinen Plan durchgeführt. Nun hieß es, das Begonnene weiterzuverfolgen, um die Fäden des Netzes dichter zu weben. Es war notwendig zu handeln, doch wie er handeln mußte, und wo er ansetzen* konnte, wußte er nicht. Er drückte einen Knopf nieder, der sich auf dem Tischchen befand. Schwester Kläri erschien.

„Sieh da, unsere Krankenschwester aus Biglen an der Eisenbahnlinie Burgdorf–Thun", begrüßte sie der Alte. „Da sieht man, wie ich die Schweiz kenne als alter Auslandschweizer."

„So, Herr Kramer, was ist denn? Endlich erwacht?" sagte sie, die runden Arme in die Hüften gestemmt.

Der Alte schaute von neuem auf seine Armbanduhr. „Es ist erst halb elf."

„Haben Sie Hunger?" fragte sie.

„Nein", antwortete der Kommissär, der sich schwach fühlte.

„Sehen Sie, nicht einmal Hunger haben der Herr.* Ich werde die Doktorin rufen, die haben Sie ja kennengelernt. Die wird Ihnen noch eine Spritze geben", entgegnete die Schwester.

„Unsinn", brummte der Alte. „Ich habe noch keine
Spritze bekommen.* Drehen Sie lieber die Deckenlampe
an. Ich will mir einmal dieses Zimmer besehen. Man
muß doch wissen, wo man liegt."

Er war recht ärgerlich.

Ein weißes, doch nicht blendendes Licht strahlte auf,
von dem man nicht recht wußte, woher es kam. Der
Raum trat in der neuen Beleuchtung noch deutlicher hervor. Über dem Alten war die Decke ein einziger Spiegel,
wie er erst jetzt zu seinem Mißvergnügen bemerkte; denn
sich selbst so ständig über sich zu haben, mußte nicht recht
geheuer* sein. „Überall diese Spiegeldecke", dachte er,
„es ist zum Verrücktwerden", im geheimen über das
Skelett entsetzt, das ihm von oben entgegenstarrte, wenn
er hinsah, und das er selbst war. „Der Spiegel lügt",
dachte er, „es gibt solche Spiegel, die alles verzerren, ich
kann nicht so abgemagert sein." Er sah sich weiter im
Zimmer um, vergaß die unbeweglich wartende Schwester.
Links von ihm war die Wand aus Glas, das auf einer
grauen Materie lag, in die nackte Gestalten, tanzende
Frauen und Männer, geritzt waren, rein linear und doch
plastisch; und von der rechten grüngrauen Wand hing
wie ein Flügel* zwischen Tür und Vorhang Rembrandts
Anatomie* in den Raum hinein, scheinbar*) sinnlos und
doch berechnet, eine Zusammenstellung, die dem Raum
etwas Frivoles gab, um so mehr, als über der Türe, in
der die Schwester stand, ein schwarzes, rohes Holzkreuz
hing.

„Nun, Schwester", sagte er, noch immer verwundert,
daß sich das Zimmer durch die Beleuchtung so verändert
hatte; denn ihm war vorher nur der Vorhang aufgefallen,
und von den tanzenden Frauen und Männern, von der
Anatomie und vom Kreuz hatte er nichts gesehen; doch
nun auch von Besorgnis erfüllt, die ihm diese unbekannte

Welt einflößte: „Nun, Schwester, das ist ein merkwürdiges Zimmer für ein Spital, das doch die Leute gesund machen soll und nicht verrückt."

„Wir sind auf dem Sonnenstein", antwortete die Schwester Kläri und faltete die Hände über dem Bauch.*
„Wir gehen auf alle Wünsche ein",* schwatzte sie, leuchtend vor Biederkeit,* „auf die frömmsten und auf die andern. Ehrenwort,* wenn Ihnen die Anatomie nicht paßt, bitte. Sie können die Geburt der Venus von Botticelli haben oder einen Picasso."*

„Dann schon lieber Ritter, Tod und Teufel",* sagte der Kommissär.

Schwester Kläri zog ein Notizbuch hervor. ‚Ritter, Tod und Teufel', notierte sie. „Das wird morgen montiert. Ein schönes Bild für ein Sterbezimmer. Ich gratuliere. Der Herr haben einen guten Geschmack."

„Ich denke", antwortete der Alte, über die Grobheit dieser Schwester Kläri erstaunt, „ich denke, soweit ist es mit mir wohl noch nicht."

Schwester Kläri wackelte bedächtig mit ihrem roten fleischigen Kopf. „Doch", sagte sie energisch. „Hier wird nur gestorben. Ausschließlich. Ich habe noch niemanden gesehen, der die Abteilung drei verlassen hätte. Und Sie sind auf der Abteilung drei, da läßt sich nichts dagegen machen. Jeder muß einmal sterben. Lesen Sie, was ich darüber geschrieben habe. Es ist in der Druckerei Liechti* in Walkringen* erschienen."

Die Schwester zog aus ihrem Busen ein kleines Traktätchen, das sie dem Alten auf das Bett legte: ‚Kläri Glauber: Der Tod, das Ziel und der Zweck unseres Lebenswandels. Ein praktischer Leitfaden.'*

Ob sie nun die Ärztin holen solle, fragte sie triumphierend.

„Nein", antwortete der Kommissär, immer noch das

Ziel und den Zweck unseres Lebenswandels in den Händchen. „Die habe ich nicht nötig. Aber den Vorhang möchte ich auf der Seite. Und das Fenster offen."

Der Vorhang wurde zur Seite geschoben, das Licht erlosch.

Auch die Nachttischlampe drehte der Alte aus.

Die massige Gestalt der Schwester Kläri verschwand im erleuchteten Rechteck der Türe, doch bevor sich diese schloß, fragte er:

„Schwester, noch einmal! Sie geben auf alles unverblümt genug Antwort, um mir auch hier die Wahrheit zu sagen: Gibt es in diesem Haus einen Zwerg?"

„Natürlich", kam es brutal vom Rechteck her. „Sie haben ihn ja gesehen."

Dann schloß sich die Türe.

„Unsinn", dachte er. „Ich werde die Abteilung drei verlassen. Das ist auch gar keine Kunst. Ich werde mit Hungertobel telephonieren. Ich bin zu krank, um irgend etwas Vernünftiges gegen Emmenberger zu unternehmen. Morgen kehre ich ins Salem zurück."

Er fürchtete sich und schämte sich nicht, es zu gestehen.

Draußen war die Nacht und um ihn die Finsternis des Zimmers. Der Alte lag auf seinem Bett, fast ohne zu atmen.

„Einmal müssen die Glocken zu hören sein", dachte er, „die Glocken Zürichs, wenn sie das neue Jahr einläuten."

Von irgendwoher schlug es Zwölf.

Der Alte wartete.

Von neuem schlug es von irgendwoher, dann noch einmal, immer zwölf unbarmherzige Schläge. Schlag um Schlag, wie Hammerschläge an ein Tor von Erz.

Kein Geläute, kein, wenn auch noch so ferner Aufschrei irgendeiner versammelten, glücklichen Menschenmenge.

Das neue Jahr kam schweigend.

„Die Welt ist tot", dachte der Kommissär und immer wieder: „Die Welt ist tot. Die Welt ist tot."

Auf seiner Stirne spürte er kalten Schweiß, Tropfen, die langsam seiner Schläfe entlang glitten. Die Augen hatte er weit aufgerissen. Er lag unbeweglich. Demütig.

Noch einmal hörte er von ferne zwölf Schläge, über einer öden Stadt verhallend. Dann war es ihm, als versinke er, in irgendein uferloses Meer, in irgendeine Finsternis.

Im Morgengrauen wachte er auf, in der Dämmerung des neuen Tags.

„Sie haben das neue Jahr nicht eingeläutet", dachte er immer wieder.

Das Zimmer war bedrohlicher denn je.

Lange starrte er in die beginnende Helle, in diese sich lichtenden, grüngrauen Schatten, bis er begriff:

Das Fenster war vergittert.

Doktor Marlok

„Da wäre er nun aufgewacht",* sagte eine Stimme von der Türe her zum Kommissär, der nach dem vergitterten Fenster starrte. Ins Zimmer, das sich immer mehr mit einem nebligen, schemenhaften Morgen füllte, trat im weißen Ärztekittel ein altes Weib, wie es schien, mit welken, verschwollenen Zügen,* in welchen Bärlach nur mühsam und mit Entsetzen das Antlitz der Ärztin erkannte, die er mit Emmenberger im Operationssaal gesehen hatte. Er starrte sie, müde und von Ekel geschüttelt, an. Ohne sich um den Kommissär zu kümmern, streifte sie den Rock zurück und stieß sich eine Spritze durch den Strumpf in den Oberschenkel; dann, nachdem sie die Injektion gemacht hatte, richtete sie sich auf, zog einen Handspiegel hervor und schminkte sich. Gebannt verfolgte der Alte

den Vorgang. Er schien für das Weib nicht mehr vorhanden zu sein. Ihre Züge verloren das Gemeine und be-
kamen wieder die Frische und die Klarheit, die er an ihr
bemerkt hatte, so daß, unbeweglich an den Türpfosten
gelehnt, nun die Frau im Zimmer stand, deren Schönheit
ihm bei seiner Ankunft aufgefallen war.

„Ich verstehe", sagte der Alte langsam aus seiner Er-
starrung erwachend, aber noch immer erschöpft und verwirrt. „Morphium."*

„Gewiß", sagte sie. „Das braucht man in dieser Welt,
— Kommissär Bärlach."

Der Alte starrte in den Morgen hinaus, der sich verfin-
sterte; denn nun floß draußen der Regen nieder, hinein in
den Schnee, der von der Nacht her noch liegen mußte, und
dann sagte er leise, wie beiläufig:

„Sie wissen, wer ich bin."

Dann starrte er wieder hinaus.

„Wir wissen, wer Sie sind", stellte nun auch die Ärztin
fest, immer noch an die Türe gelehnt, beide Hände in den
Taschen ihres Berufsmantels vergraben.

Wie man darauf gekommen sei, fragte er und war
eigentlich gar nicht neugierig.

Sie warf ihm eine Zeitung aufs Bett.

Es war ‚Der Bund'.*

Auf der ersten Seite war sein Bild, wie der Alte gleich
feststellte, eine Aufnahme vom Frühling her, da er noch
die Ormond-Brasil* rauchte, und darunter stand: Der
Kommissär der Stadtpolizei Bern, Hans Bärlach, in den
Ruhestand getreten.*

„Natürlich", brummte der Kommissär.

Dann sah er, als er nun verblüfft und verärgert einen
zweiten Blick auf die Zeitung warf, das Datum der Aus-
gabe.

Es war das erste Mal, daß er die Haltung verlor.

„Das Datum", schrie er heiser: „Das Datum, Ärztin!
Das Datum der Zeitung!"

„Nun?" fragte sie, ohne auch nur das Gesicht zu verziehen.*

„Es ist der fünfte Januar", keuchte der Kommissär verzweifelt, der nun das Ausbleiben* der Neujahrsglocken,
die ganze fürchterliche vergangene Nacht, begriff.

Ob er ein anderes Datum erwartet habe, fragte sie
spöttisch und sichtlich auch neugierig, indem sie die
Brauen ein wenig hob.

Er schrie: „Was haben Sie mit mir gemacht?" und versuchte, sich aufzurichten, doch fiel er kraftlos ins Bett
zurück.

Noch einige Male ruderten die Arme in der Luft herum,
dann lag er wieder unbeweglich.

Die Ärztin zog ein Etui hervor, dem sie eine Zigarette
entnahm.

Sie schien von allem unberührt zu sein.

„Ich wünsche nicht, daß man in meinem Zimmer
raucht", sagte Barlach leise, aber bestimmt.*

„Das Fenster ist vergittert", antwortete die Ärztin und
deutete mit dem Kopf dorthin, wo hinter den Eisenstäben
der Regen niederrann.

„Ich glaube nicht, daß Sie etwas zu bestimmen haben."*

Dann wandte sie sich dem Alten zu und stand nun vor
seinem Bett, die Hände in den Taschen des Mantels.

„Insulin", sagte sie, indem sie auf ihn niederblickte.
„Der Chef hat eine Insulinkur* mit Ihnen gemacht. Seine
Spezialität." Sie lachte: „Wollen Sie den Mann denn ver-
haften?"

„Emmenberger hat einen deutschen Arzt namens Nehle
ermordet und ohne Narkose operiert",* sagte Bärlach
kaltblütig. Er fühlte, daß er die Ärztin gewinnen* mußte.

Er war entschlossen, alles zu wagen.

„Er hat noch viel mehr gemacht, unser Doktor", entgegnete die Ärztin.

„Sie wissen es!"

„Gewiß."

„Sie geben zu, daß Emmenberger unter dem Namen Nehle Lagerarzt in Stutthof war?" fragte er fiebrig.

„Natürlich."

„Auch den Mord an Nehle geben Sie zu?"

„Warum nicht?"

Bärlach, der so mit einem Schlag seinen Verdacht bestätigt fand, diesen ungeheuerlichen, abstrusen Verdacht, aus Hungertobels Erbleichen und aus einer alten Photographie herausgelesen, den er diese endlosen Tage wie eine Riesenlast mit sich geschleppt hatte, blickte erschöpft nach dem Fenster. Dem Gitter entlang rollten einzelne, silbern leuchtende Wassertropfen. Er hatte sich nach diesem Augenblick des Wissens gesehnt, als nach einem Augenblick der Ruhe.

„Wenn Sie alles wissen", sagte er, „sind Sie mitschuldig."*

Seine Stimme klang müde und traurig.

Die Ärztin blickte mit einem so merkwürdigen Blick auf ihn nieder, daß ihn ihr Schweigen beunruhigte. Sie streifte ihren rechten Ärmel hoch. In den Unterarm, tief ins Fleisch, war eine Ziffer gebrannt, wie bei einem Stück Vieh. „Muß ich Ihnen noch den Rücken zeigen?" fragte sie.

„Sie waren im Konzentrationslager?" rief der Kommissär bestürzt aus und starrte nach ihr, mühsam halb aufgerichtet, indem er sich auf den rechten Arm stützte.

„Edith Marlok, Häftling 4466 im Vernichtungslager Stutthof bei Danzig."

Ihre Stimme war kalt und erstorben.

Der Alte fiel in die Kissen zurück. Er verfluchte seine Krankheit, seine Schwäche, seine Hilflosigkeit.

„Ich war Kommunistin", sagte sie und schob den Ärmel hinunter.

„Und wie konnten Sie das Lager überstehen?"

„Das ist einfach", antwortete sie und hielt seinen Blick so gleichgültig aus, als könne sie nichts mehr bewegen, kein menschliches Gefühl und kein noch so entsetzliches Schicksal:

„Ich bin Emmenbergers Geliebte* geworden."

„Das ist doch unmöglich", entfuhr es dem Kommissär. Sie sah ihn verwundert an.

„Ein Folterknecht erbarmte sich einer dahinsiechenden Hündin", sagte sie endlich. „Die Chance, einen SS-Arzt zu ihrem Geliebten zu bekommen, haben nur wenige von uns Frauen im Lager Stutthof gehabt. Jeder Weg, sich zu retten, ist gut. Sie* versuchen ja nun auch alles, vom Sonnenstein loszukommen."

Fiebernd und zitternd versuchte er sich zum drittenmal aufzurichten.

„Sind Sie immer noch seine Geliebte?"

„Natürlich. Warum nicht?"

Das könne sie doch nicht. Emmenberger sei ein Ungeheuer, schrie Bärlach. „Sie waren Kommunistin, da haben Sie doch Ihre Überzeugung!"

„Ja, ich hatte meine Überzeugung", sagte sie ruhig. „Ich war überzeugt, daß man dieses traurige Ding da aus Stein und Lehm, das sich um die Sonne dreht, unsere Erde lieben müsse, daß es unsere Pflicht sei, dieser Menschheit im Namen der Vernunft zu helfen, aus der Armut und aus der Ausbeutung herauszukommen. Mein Glaube war keine Phrase. Und als der Postkartenmaler* mit dem lächerlichen Schnurrbart und der kitschigen* Stirnlocke die Macht übernahm,* wie der fachgemäße Ausdruck für das Verbrechen heißt, das er von nun an trieb, bin ich nach dem Lande geflüchtet, an das ich, wie alle Kommunisten, geglaubt habe, zu unser aller tugendhaftem Mütterlein, nach der ehrwürdigen Sowjetunion. O ich hatte meine Überzeugung und setzte sie der Welt entgegen. Ich war wie Sie entschlossen, Kommissär, gegen das Böse zu kämpfen bis an meines Lebens seliges Ende.''

„Wir dürfen diesen Kampf nicht aufgeben'', entgegnete Bärlach leise, der schon wieder, vor Kälte schlotternd, in den Kissen lag.

„Dann schauen Sie in den Spiegel über Ihnen, möchte ich bitten'', befahl sie.

„Ich habe mich schon gesehen'', antwortete er, den Blick nach oben ängstlich vermeidend.

Sie lachte. „Ein schönes Skelett, nicht wahr, grinst Ihnen da entgegen, den Kriminalkommissär der Stadt Bern darstellend! Unser Lehrsatz vom Kampf gegen das Böse, der nie, unter keinen Umständen und unter keinen Verhältnissen aufgegeben werden darf, stimmt im luftleeren Raum* oder, was dasselbe ist, auf dem Schreibtisch; aber nicht auf dem Planeten, auf dem wir durch das Weltall rasen wie Hexen auf einem Besen. Mein Glaube war groß, so groß, daß ich nicht verzweifelte, als ich in das Elend der russischen Massen einging, in die Trostlosigkeit dieses gewaltigen Landes, das keine Gewalt, sondern nur noch die Freiheit des Geistes zu adeln vermöchte. Als die Russen mich in ihre Gefängnisse vergruben und mich, ohne Verhör und ohne Urteil, von einem Lager ins andere schoben, ohne daß ich wußte wozu, zweifelte ich nicht, daß auch dies im großen Plan der Geschichte einen Sinn habe. Als der famose* Pakt* zustande kam, den Herr Stalin mit Herrn Hitler schloß, sah ich dessen Notwendigkeit ein, galt es doch, das große kommunistische Vaterland zu erhalten. Als ich jedoch eines Morgens nach wochenlanger

Fahrt in irgendeinem Viehwagen von Sibirien her von russischen Soldaten tief im Winter des Jahres vierzig, mitten in einer Schar zerlumpter Gestalten, über eine jämmerliche Holzbrücke getrieben wurde, unter der sich träge ein schmutziger Fluß dahinschleppte, Eis und Holz treibend, und als uns am andern Ufer die aus den Morgennebeln tauchenden schwarzen Gestalten der SS in Empfang nahmen, begriff ich den Verrat, der da getrieben wurde, nicht nur an uns gottverlassenen armen Teufeln, die nun Stutthof entgegenwankten, nein, auch an der Idee des Kommunismus selbst, der doch nur einen Sinn haben kann, wenn er eins ist mit der Idee der Nächstenliebe und der Menschlichkeit. Doch jetzt bin ich über die Brücke gegangen, Kommissär, für immer über diesen schwarzen, schwankenden Steg,* unter dem der Bug* dahinfließt (so heißt dieser Tartarus).* Ich weiß nun, wie der Mensch beschaffen ist, so nämlich, daß man alles mit ihm machen kann, was sich je ein Machthaber oder je ein Emmenberger zu seinem Vergnügen und seinen Theorien zuliebe erdenkt; daß man aus dem Munde der Menschen jedes Geständnis zu erpressen vermag, denn der menschliche Wille ist begrenzt, die Zahl der Foltern Legion. Laßt jede Hoffnung fahren, die ihr mich durchschreitet!* Ich ließ jede Hoffnung fahren. Es ist Unsinn, sich zu wehren und sich für eine bessere Welt einzusetzen. Der Mensch selbst wünscht seine Hölle herbei, bereitet sie in seinen Gedanken vor und leitet sie mit seinen Taten ein. Überall dasselbe, in Stutthof und hier im Sonnenstein, dieselbe schaurige Melodie, die aus dem Abgrund der menschlichen Seele in düsteren Akkorden aufsteigt. War das Lager bei Danzig die Hölle der Juden, der Christen und Kommunisten, so ist dieses Spital hier, mitten im braven* Zürich, die Hölle der Reichen."

„Was verstehen Sie darunter? Das sind seltsame Worte,

die Sie da brauchen", fragte Bärlach, gebannt der Ärztin
folgend, die ihn gleichermaßen faszinierte und erschreckte.

„Sie sind neugierig", sagte sie, „und scheinen stolz darauf zu sein. Sie wagten sich in einen Fuchsbau, aus dem es
keinen Ausweg mehr gibt. Zählen Sie nicht auf mich. Mir
sind die Menschen gleichgültig, auch Emmenberger, der
doch mein Geliebter* ist."

Die Hölle der Reichen

„Warum", begann sie wieder zu sprechen, „um
dieser verlorenen Welt willen, Kommissär, haben Sie sich
denn nicht mit ihren täglichen Diebstählen begnügt, und
wozu denn mußten Sie in den Sonnenstein dringen, wo Sie
nichts zu suchen haben? Doch ein ausgedienter Polizei-
hund verlangt nach höherem, denke ich."

Die Ärztin lachte.

„Das Unrecht ist dort aufzusuchen, wo es zu finden ist",
antwortete der Alte. „Das Gesetz ist das Gesetz."

„Ich sehe, Sie lieben die Mathematik", entgegnete sie
und steckte sich eine neue Zigarette in Brand. Immer
noch stand sie an seinem Bett, nicht zögernd und behut-
sam, wie man sich dem Lager eines Kranken nähert,
sondern so, wie man neben einem Verbrecher steht, der
schon auf den Schragen* gebunden ist und dessen Tod
man als richtig und wünschenswert erkannt hat, als eine
sachliche Prozedur, die ein nutzloses Dasein auslöscht.
„Das habe ich mir schon gleich gedacht, daß Sie zu jener
Sorte von Narren gehören, die auf die Mathematik
schwören.* Das Gesetz ist das Gesetz. X = X. Die unge-
heuerlichste Phrase, die je in den ewig blutigen, ewig
nächtlichen Himmel stieg, der über uns hängt", lachte sie.
„Wie wenn* es eine Bestimmung über Menschen gäbe,

die ohne Rücksicht auf das Maß der Macht gelten könnte,
die ein Mensch besitzt! Das Gesetz ist nicht das Gesetz,
sondern die Macht; dieser Spruch steht über den Tälern
geschrieben, in denen wir zugrunde gehen. Nichts ist sich
selber in dieser Welt, alles ist Lüge. Wenn wir Gesetz
sagen, meinen wir Macht; sprechen wir das Wort Macht
aus, denken wir an Reichtum, und kommt das Wort
Reichtum über unsere Lippen, so hoffen wir, die Laster
der Welt zu genießen. Das Gesetz ist das Laster, das
Gesetz ist der Reichtum, das Gesetz sind die Kanonen, die
Trusts, die Parteien; was wir auch sagen, nie ist es un-
logisch, es sei denn der Satz, das Gesetz sei das Gesetz, der
allein die Lüge ist. Die Mathematik lügt, die Vernunft,
der Verstand, die Kunst, sie alle lügen. Was wollen Sie
denn, Kommissär? Da werden wir, ohne gefragt zu werden, auf irgendeine brüchige Scholle* gesetzt, wir wissen
nicht wozu; da stieren wir in ein Weltall hinein, ungeheuer an Leere und ungeheuer an Fülle, eine sinnlose Ver-
schwendung, und da treiben wir den fernen Katarakten
entgegen, die einmal kommen müssen — das einzige, was
wir wissen. So leben wir, um zu sterben, so atmen und
sprechen wir, so lieben wir, und so haben wir Kinder und
Kindeskinder, um mit ihnen, die wir lieben und die wir
aus unserem Fleische hervorgebracht haben, in Aas ver-
wandelt zu werden, um in die gleichgültigen, toten Ele-
mente zu zerfallen, aus denen wir zusammengesetzt sind.
Die Karten wurden gemischt, ausgespielt und zusammen-
geräumt; c'est ca.* Und weil wir nichts anderes haben als
diese treibende Scholle von Dreck und Eis, an die wir uns
klammern, so wünschen wir, daß dieses unser einziges Leben — diese flüchtige Minute angesichts des Regenbogens,
der sich über dem Gischt und dem Dampf des Abgrunds
spannt — ein glückliches sei, daß uns der Überfluß der
Erde geschenkt werde, die kurze Zeit, da sie uns zu tragen

vermag, sie, die einzige, wenn auch armselige Gnade, die
uns verliehen wurde. Doch dies ist nicht so und wird nie
so sein, und das Verbrechen, Kommissär, besteht nicht
darin, daß es nicht so ist, daß es Armut und Elend gibt,
sondern darin, daß es Arme und Reiche gibt, daß das
Schiff, das uns alle hinunterreißt, mit dem wir alle ver-
sinken, noch Kabinen für die Mächtigen und Reichen
neben den Massenquartieren der Elenden besitzt. Wir
müßten alle sterben, sagt man, da spiele dies keine Rolle.
Sterben sei Sterben. O diese possenhafte Mathematik!
Eines ist das Sterben der Armen, ein anderes das Sterben
der Reichen und der Mächtigen, und eine Welt zwischen
ihnen, jene, in der sich die blutige Tragikomödie zwischen
dem Schwachen und dem Mächtigen abspielt. Wie der
Arme gelebt hat, stirbt er auch, auf einem Sack im Keller,
auf einer zerschlissenen Matratze, wenn's höher geht, oder
auf dem blutigen Feld der Ehre, wenn's hochkommt;*
aber der Reiche stirbt anders. Er hat im Luxus gelebt und
will nun im Luxus sterben, er ist kultiviert und klatscht
beim Krepieren in die Hände: Beifall, meine Freunde, die
Theatervorstellung ist zu Ende! Das Leben war eine Pose,
das Sterben eine Phrase, das Begräbnis eine Reklame und
das Ganze ein Geschäft. C'est ça. Könnte ich Sie durch
dieses Spital führen, Kommissär, durch diesen Sonnenstein, der mich zu dem gemacht hat, was ich nun bin,
weder Weib noch Mann, nur Fleisch, das immer größere
Mengen Morphium braucht, um über diese Welt die
Witze zu machen, die sie verdient, so würde ich Ihnen,
einem ausgedienten, erledigten Polizisten, einmal zeigen,
wie die Reichen sterben. Ich würde Ihnen die phanta-
stischen Krankenzimmer aufschließen, diese bald kitschigen, bald raffinierten* Räume, in denen sie verfaulen, diese
glitzernden Zellen der Lust und der Qual, der Willkür und
der Verbrechen."

Bärlach gab keine Antwort. Er lag da, krank und unbeweglich, das Gesicht abgewandt.

Die Ärztin beugte sich über ihn.

„Ich würde Ihnen", fuhr sie unbarmherzig fort, „die Namen derer nennen, die hier zugrunde gingen und zugrunde gehen, die Namen der Politiker, der Bankiers,* der Industriellen, der Mätressen und der Witwen, ruhmreiche Namen und jene unbekannter Schieber, die mit einem Dreh,* der ihnen nichts kostet, die Millionen verdienen, die uns alles kosten. Da sterben sie denn in diesem Spital. Bald kommentieren sie das Absterben ihres Leibes mit blasphemischen Witzen, bald bäumen sie sich auf und stoßen wilde Flüche über ihr Schicksal aus, alles zu besitzen und doch sterben zu müssen, oder plärren die widerlichsten Gebete hinein in ihre Zimmer voll von Brokat und Seide, um nicht die Seligkeit hienieden mit der Seligkeit des Paradieses vertauschen zu müssen. Emmenberger gewährt ihnen alles, und sie nehmen unersättlich, was er ihnen bietet; aber sie brauchen noch mehr, sie brauchen die Hoffnung: auch dies gewährt er ihnen. Doch der Glaube, den sie ihm schenken, ist der Glaube an den Teufel, und die Hoffnung, die er ihnen schenkt, ist die Hölle. Sie haben Gott verlassen, und einen neuen Gott gefunden. Freiwillig unterziehen sich die Kranken den Torturen, begeistert über diesen Arzt, um nur noch einige Tage, einige Minuten länger zu leben (wie sie hoffen), um sich nicht von dem zu trennen, was sie mehr als Himmel und Hölle lieben, mehr als all die Seligkeit und die Verdammnis: von der Macht und von der Erde, die ihnen diese Macht verlieh. Auch hier operiert der Chef ohne Narkose. Alles, was Emmenberger in Stutthof tat, in dieser grauen, unübersichtlichen Barackenstadt auf der Ebene von Danzig, das tut er nun auch hier, mitten in der Schweiz, mitten in Zürich, unberührt von der Polizei, von den Gesetzen dieses Landes, ja, sogar im Namen der Wissenschaft und der Menschlichkeit; unbeirrbar gibt er, was die Menschen von ihm wollen: Qualen, nichts als Qualen."

„Nein", schrie Bärlach, „nein! Man muß diesen Menschen vernichten!"

„Dann müssen Sie die Menschheit vernichten", antwortete sie.

Er schrie wieder sein heiseres, verzweifeltes Nein und richtete mühsam seinen Oberkörper auf.

„Nein, nein!" kam es aus seinem Munde, doch konnte er nur noch flüstern.

Da berührte die Ärztin nachlässig seine rechte Schulter, und er fiel hilflos zurück.

„Nein, nein", röchelte* er in den Kissen.

„Sie Narr!" lachte die Ärztin. „Was wollen Sie mit Ihrem Nein, Nein! In den schwarzen Kohlengebieten, woher ich komme, habe ich auch mein Nein, Nein zu dieser Welt voll Not und Ausbeutung gesagt und fing an zu arbeiten: In der Partei, in den Abendschulen, später auf der Universität und immer entschlossener und hartnäckiger in der Partei. Ich studierte und arbeitete um meines Nein, Nein willen; aber jetzt, Kommissär, jetzt, wie ich in diesem Ärztekittel an diesem nebligen Morgen voll Schnee und Regen vor Ihnen stehe, weiß ich, daß dieses Nein, Nein sinnlos geworden ist, denn die Erde ist zu alt, um noch ein Ja, Ja zu werden, das Gute und das Böse sind zu sehr ineinander verschlungen in der gottverlassenen Hochzeitsnacht zwischen Himmel und Hölle, die diese Menschheit gebar, um je wieder voneinander getrennt zu werden, um zu sagen: Dies ist wohlgetan und jenes vom Übel, dies führt zum Guten und jenes zum Schlechten. Zu spät! Wir können nicht mehr wissen, was wir tun, welche Handlung unser Gehorsam oder unsere Auflehnung nach sich zieht, welche Ausbeutung, was für ein Verbrechen an den Früchten klebt, die wir essen, am Brot und an der Milch, die wir unseren Kindern geben. Wir töten, ohne das Opfer zu sehen, und ohne von ihm zu wissen, und wir werden getötet, ohne daß der Mörder es weiß. Zu spät! Die Versuchung dieses Daseins war zu groß, und der Mensch zu klein für die Gnade, die darin besteht, zu leben und nicht vielmehr* Nichts zu sein. Nun sind wir krank auf den Tod, vom Krebs unserer Taten zerfressen. Die Welt ist faul, Kommissär, sie verwest wie eine schlecht gelagerte* Frucht. Was wollen wir noch! Die Erde ist nicht mehr als Paradies herstellbar, der infernalische Lavastrom, den wir in den lästerlichen Tagen unserer Siege, unseres Ruhms und unseres Reichtums heraufbeschworen haben und der nun unsere Nacht erhellt, läßt sich nicht mehr in die Schächte bannen, denen er entstiegen ist. Wir können nur noch in unseren Träumen zurückgewinnen, was wir verloren haben, in den leuchtenden Bildern der Sehnsucht, die wir durch das Morphium erlangen. So tue ich denn, Edith Marlok, ein vierunddreißigjähriges Weib, für die farblose Flüssigkeit, die ich mir unter die Haut spritze, die mir am Tag den Mut zum Hohn und in der Nacht meine Träume verleiht, die Verbrechen, die man von mir verlangt, damit ich in einem flüchtigen Wahn besitze, was nicht mehr da ist: diese Welt, wie ein Gott sie erschaffen hat. C'est ça. Emmenberger, Ihr Landsmann, dieser Berner, kennt die Menschen und wofür sie zu brauchen sind. Er setzt seine unbarmherzigen Hebel an, wo wir am schwächsten sind: am tödlichen Bewußtsein unserer ewigen Verlorenheit."*

„Gehen Sie jetzt", flüsterte er, „gehen Sie jetzt!"

Die Ärztin lachte. Dann richtete sie sich auf, schön, stolz, unnahbar.

„Sie wollen das Schlechte bekämpfen und fürchten

sich vor meinem C'est ça", sagte sie, sich aufs neue schmin-
kend und pudernd, wieder an die Türe gelehnt, über der
sinnlos und einsam das alte Holzkreuz hing. „Sie schau-
dern schon vor einer geringen, tausendmal besudelten und
entwürdigten Dienerin dieser Welt. Wie werden Sie erst
ihn, den Höllenfürsten selbst, Emmenberger, bestehen?"*

Und dann warf sie dem Alten eine Zeitung und ein
braunes Kuvert* auf das Bett.

„Lesen Sie die Post, mein Herr. Ich denke, Sie werden
sich wundern, was Sie mit Ihrem guten Willen angerich-
tet haben!"

Ritter, Tod und Teufel

Nachdem die Ärztin den Alten verlassen hatte, lag er
lange unbeweglich. Sein Verdacht hatte sich bestätigt,
doch was ihm zur Zufriedenheit hätte gereichen sollen,
flößte ihm Grauen ein. Er hatte richtig gerechnet, doch
falsch gehandelt, wie er ahnte. Allzusehr fühlte er die
Ohnmacht seines Leibes. Er hatte sechs Tage verloren,
sechs fürchterliche Tage, die seinem Bewußtsein fehlten.
Emmenberger wußte, wer ihm nachstellte, und hatte zugeschlagen.*

Dann endlich, als Schwester Kläri mit Kaffee und Brötchen* kam, ließ er sich aufrichten, trank und aß trotzig
das Gebrachte, wenn auch mißtrauisch, entschlossen, seine
Schwäche zu besiegen und anzugreifen.

„Schwester Kläri", sagte er, „ich komme von der Polizei, es ist vielleicht besser, daß wir deutlich miteinander
reden."

„Ich weiß, Kommissär Bärlach", antwortete die Krankenschwester, drohend und gewaltig neben seinem Bett.

„Sie wissen meinen Namen und sind demnach im Bilde", fuhr Bärlach fort, stutzig geworden, „dann wissen Sie wohl auch, weshalb ich hier bin?"

„Sie wollen unseren Chef verhaften", sagte sie, auf den Alten niederblickend.

„Den Chef", nickte der Kommissär. „Und Sie werden wissen, daß Ihr Chef im Konzentrationslager Stutthof in Deutschland viele Menschen getötet hat?"

„Mein Chef hat sich bekehrt", antwortete die Schwester Kläri Glauber aus Biglen stolz. „Seine Sünden sind ihm vergeben."

„Wieso?"* fragte Bärlach verblüfft, das Ungeheuer an Biederkeit* anstarrend, das an seinem Bette stand, die Hände über dem Bauch gefaltet, strahlend und überzeugt.

„Er hat eben meine Broschüre gelesen", sagte die Schwester.

„Den Sinn und den Zweck unseres Lebenswandels?"

„Eben."

„Das ist doch Unsinn", rief der Kranke ärgerlich, „Emmenberger tötet weiter."

„Vorher tötete er aus Haß, nun aus Liebe", entgegnete die Schwester fröhlich. „Er tötet als Arzt, weil der Mensch im geheimen nach seinem Tod verlangt. Lesen Sie nur meine Broschüre. Der Mensch muß durch den Tod hindurch zu seiner höheren Möglichkeit."

„Emmenberger ist ein Verbrecher", keuchte der Kommissär, ohnmächtig vor so viel Bigotterie. „Die Emmentaler sind noch immer die verfluchtesten Sektierer gewesen", dachte er verzweifelt.

„Der Sinn und der Zweck unseres Lebenswandels kann kein Verbrechen sein", schüttelte Schwester Kläri mißbilligend den Kopf und räumte ab.

„Ich werde Sie als Mitwisserin der Polizei übergeben", drohte der Kommissär, zur billigsten Waffe greifend, wie er wohl wußte.

„Sie sind auf der Abteilung drei", sagte Schwester Kläri
Glauber, traurig über den störrischen Kranken, und ging
hinaus.

Ärgerlich griff der Alte zur Post. Das Kuvert kannte
er, es war jenes, in welchem Fortschig seinen ‚Apfelschuß'
zu verschicken pflegte. Er öffnete, und die Zeitung fiel
heraus. Sie war wie immer seit fünfundzwanzig Jahren
mit einer nun wohl rostigen und klapprigen Schreibmaschine geschrieben, mit mangelhaftem l und r. „Der.
Apfelschuß, schweizerisches Protestblatt für das Inland
samt Umgebung, herausgegeben von Ulrich Friedrich
Fortschig", war der Titel, dies gedruckt, und darunter,
nun mit der Schreibmaschine getippt:

Ein SS-Folterknecht als Chefarzt

Wenn ich nicht die Beweise hätte (schrieb Fortschig),
diese fürchterlichen, klaren und unwiderlegbaren Beweise,
wie sie weder ein Kriminalist noch ein Dichter, sondern
allein die Wirklichkeit aufzustellen in der Lage ist, so
würde ich genötigt sein, als Ausgeburt einer krankhaften
Einbildungskraft zu bezeichnen, was hier die Wahrheit
mich zwingt niederzuschreiben. Der Wahrheit; denn das
Wort, auch wenn sie uns erblassen läßt, auch wenn sie das
Vertrauen, welches wir — immer noch und trotz allem —
in die Menschheit setzen, für immer erschüttert. Daß ein
Mensch, ein Berner, unter fremdem Namen, in einem Vernichtungslager bei Danzig seinem blutigen Handwerk
nachging — ich wage nicht näher zu beschreiben, mit
welcher Bestialität —, entsetzt uns, daß er aber in der
Schweiz einem Spital vorstehen darf, ist eine Schande, für
die wir keine Worte finden, und ein Anzeichen, daß es nun
auch bei uns wirklich Matthäi am letzten* ist. Diese
Worte mögen denn einen Prozeß einleiten, der, obschon

schrecklich und für unser Land peinlich, dennoch gewagt
werden muß, steht doch unser Ansehen auf dem Spiel, das
harmlose Gerücht, wir mausten uns* noch so ziemlich red-
lich durch die düsteren Dschungel dieser Zeit — (zwar
manchmal mehr Geld verdienend als gerade üblich mit
Uhren, Käse und einigen, nicht sehr ins Gewicht fallenden* Waffen*). So schreite ich denn zur Tat. Wir verlieren alles, wenn wir die Gerechtigkeit aufs Spiel setzen,
mit der sich nicht spielen läßt, auch wenn es uns Pestalozzis* beschämen muß, einmal selber auf die Finger zu bekommen. Den Verbrecher jedoch, einen Arzt in Zürich,
dem wir keinen Pardon geben, weil er nie einen gab, den
wir erpressen, weil er erpreßte, und den wir schließlich
morden, weil er unzählige mordete — wir wissen, es ist ein
Todesurteil,* das wir niederschreiben — (diesen Satz las
Bärlach zweimal); jenen Chefarzt einer Privatklinik —
um deutlich zu werden — fordern wir auf, sich der
Kriminalpolizei Zürich zu stellen.* Die Menschheit, die
zu allem fähig wird, und die in steigendem Maße den
Mord wie keine zweite Kunst versteht, diese Menschheit,
an der schließlich auch wir hier in der Schweiz teilhaben,
da auch wir die gleichen Keime des Unglücks in uns
tragen, die Sittlichkeit für unrentabel und das Rentable
für sittlich zu halten; sie sollte endlich einmal an dieser
durch das bloße Wort gefällten Bestie von einem Massenmörder lernen, daß der Geist, den man mißachtet, auch
die schweigenden Münder aufbricht und sie zwingt, ihren
eigenen Untergang herbeizuführen.

So sehr dieser hochtrabende Text Bärlachs ursprüngli-
chem Plane entsprach, der recht simpel und unbekümmert
darauf ausgegangen war, Emmenberger einzuschüch-
tern — das andere würde sich dann schon irgendwie
geben, hatte er mit der fahrlässigen Selbstsicherheit

eines alten Kriminalisten gedacht —, so unbestechlich erkannte er nun, daß er sich geirrt hatte. Der Arzt konnte
bei weitem nicht als ein Mann gelten, der sich einschüchtern ließ. Fortschig schwebte in Todesgefahr, fühlte der
Kommissär, doch hoffte er, daß sich der Schriftsteller
schon in Paris und damit in Sicherheit befinde.

Da schien sich Bärlach unvermutet eine Möglichkeit zu
bieten, mit der Außenwelt in Verbindung zu treten.

Ein Arbeiter betrat nämlich den Raum, Dürers ,Ritter,
Tod und Teufel' in einer vergrößerten Wiedergabe unter
dem Arm. Der Alte schaute sich diesen Mann genau an,
es war ein gutmütiger, etwas verwahrloster Mensch von
nicht ganz fünfzig Jahren, wie er schätzte, in einer blauen
Arbeitskleidung, der auch gleich die ,Anatomie' abzu-
montieren begann.

„He!"* rief ihn der Kommissär. „Kommen Sie her."

Der Arbeiter montierte weiter. Manchmal fiel ihm eine
Zange auf den Boden, oder ein Schraubenzieher, Gegen-
stände, nach denen er sich umständlich bückte.

„Sie!" rief Bärlach ungeduldig, da sich der Arbeiter
nicht um ihn kümmerte: „Ich bin der Polizeikommissär
Bärlach. Verstehen Sie: ich bin in Todesgefahr. Verlassen
Sie dieses Haus, wenn Sie Ihre Arbeit beendigt haben, und
gehen Sie zu Inspektor Stutz, den kennt doch hier jedes
Kind. Oder gehen Sie zu irgendeinem Polizeiposten* und
lassen Sie sich mit Stutz verbinden.* Verstehen Sie? Ich
brauche diesen Mann. Er soll zu mir kommen."

Der Arbeiter kümmerte sich immer noch nicht um den
Alten, der mühsam in seinem Bett die Worte formulierte
— das Sprechen fiel ihm schwer, immer schwerer. Die
,Anatomie' war abgeschraubt, und nun untersuchte der
Arbeiter den Dürer, sah sich das Bild genau an, bald aus
der Nähe, bald hielt er es mit beiden Händen von sich weg,
ein hohles Kreuz machend.* Durch das Fenster fiel mil-

chiges Licht. Einen Augenblick lang schien es dem Alten, er sehe hinter weißen Nebelstreifen einen glanzlosen Ball dahinschwimmen. Das Haar und der Schnurrbart des Arbeiters leuchteten auf. Es hatte draußen zu regnen aufgehört. Der Arbeiter schüttelte mehrmals den Kopf, das Bild schien ihm unheimlich vorzukommen. Er wandte sich kurz zu Bärlach und sagte in einer sonderbaren, überdeutlich formulierten Sprache ganz langsam, mit dem Kopf hin und her wackelnd:

„Den Teufel gibt es nicht."

„Doch", schrie Bärlach heiser: „Den Teufel gibt es, Mann! Hier in diesem Spital gibt es ihn. He, hören Sie doch! Man wird Ihnen ja wohl gesagt haben, ich sei verrückt und schwätze unsinniges Zeug, aber ich bin in Todesgefahr, verstehen Sie doch, in Todesgefahr: Dies ist die Wahrheit, Mann, die Wahrheit, nichts als die Wahrheit!"

Der Arbeiter hatte nun das Bild angeschraubt und kehrte sich zu Bärlach um, grinsend auf den Ritter zeigend, der so unbeweglich auf seinem Pferd saß, und stieß einige unartikulierte, gurgelnde Laute aus, die Bärlach nicht sofort verstand, die sich endlich aber doch zu einem Sinn formten:

„Ritter futsch",* kam es langsam und deutlich aus dem verkrampften, schrägen Maul des Mannes mit dem blauen Kittel: „Ritter futsch, Ritter futsch!"

Erst als der Arbeiter das Zimmer verließ und die Türe ungeschickt hinter sich zuschmetterte, begriff der Alte, daß er mit einem Taubstummen* geredet hatte.

Er griff zur Zeitung. Es war das ‚Bernische Bundesblatt‘, das er entfaltete.

Das Gesicht Fortschigs war das erste, was er sah, und unter der Photographie stand: Ulrich Friedrich Fortschig, und daneben: ein Kreuz.*

Fortschig†

‚Das unselige Leben des vielleicht doch mehr berüch-
tigten als bekannten Berner Schriftstellers Fortschig hat in
der Nacht vom Dienstag auf den Mittwoch sein nicht ganz
geklärtes Ende gefunden‘ — las Bärlach, dem es war, als
drückte ihm jemand die Kehle zu. — ‚Dieser Mann‘, fuhr
der salbungsvolle Berichterstatter des Bernischen Bundes-
blattes fort, ‚dem die Natur doch so schöne Talente verlieh, hatte es nicht verstanden, die ihm anvertrauten
Pfunde* zu verwalten. Er begann (hieß es weiter) mit ex-
pressionistischen Dramen, die bei Asphaltliteraten* Auf-
sehen erregten, doch vermochte er die dichterischen Kräfte
immer weniger zu formen (aber es waren wenigstens
dichterische Kräfte, dachte der Alte bitter), bis er auf die
unglückliche Idee verfiel, mit dem ‚Apfelschuß‘ eine eigene
Zeitung herauszugeben, die denn auch in einer Auflage
von etwa fünfzig schreibmaschinengeschriebenen Exemplaren unregelmäßig genug erschien. Wer je den Inhalt
dieses Skandalblattes gelesen hat, weiß genug: es bestand
aus Angriffen, die sich nicht nur gegen alles, was uns hoch
und heilig ist,* sondern auch gegen allgemein bekannte
und geschätzte Persönlichkeiten richteten. Er kam immer
mehr herunter, und man sah ihn öfters betrunken, mit
seinem stadtbekannten gelben Halstuch — man nannte
ihn in der unteren Stadt* die Zitrone —, von einem Wirts-
haus ins andere wanken, von einigen Studenten begleitet,
die ihn als Genie hochleben ließen.* Über das Ende des
Dichters ist folgendes ermittelt worden: Fortschig war
seit Neujahr ständig mehr oder weniger betrunken. Er
hatte — von irgendeinem gutmütigen Privatmann finan-
ziert — wieder einmal seinen ‚Apfelschuß‘ herausgegeben,
ein besonders trauriges Exemplar freilich, da er darin einen von der Ärzteschaft als absurd bezeichneten Angriff

gegen einen unbekannten, wahrscheinlich erfundenen
Arzt richtete, in der herostratischen* Absicht, unter allen
Umständen einen Skandal zu erregen. Wie erfunden der
ganze Angriff war, geht schon daraus hervor, daß der
Schriftsteller, der im Artikel pathetisch den nichtgenann-
ten Arzt aufforderte, sich der Stadtpolizei Zürich zu stellen, gleichzeitig überall herumschwatzte, er wolle für
zehn Tage nach Paris verreisen, doch kam er nicht dazu.
Schon um einen Tag hatte er die Abreise verschoben und
gab nun in der Nacht auf den Mittwoch in seiner armseligen Wohnung in der Keßlergasse ein Abschiedsessen, dem
der Musiker Bötzinger und die Studenten Friedling und
Stürler beiwohnten. Gegen vier Uhr morgens begab sich
Fortschig — er war schwer betrunken — in die Toilette,
die sich auf der anderen Seite des Korridors gegenüber
seinem Zimmer befindet. Da er die Türe zu seinem Ar-
beitsraum offenließ, man wollte die Schwaden beißenden
Tabakrauchs etwas verziehen lassen, war die Türe der
Toilette allen drei sichtbar, die an Fortschigs Tisch weiter-
zechten, ohne daß ihnen etwas besonders auffiel. Beunruhigt, als er nach einer halben Stunde noch nicht zurückgekommen war, und als er auf ihr Rufen und Klopfen
nicht antwortete, rüttelten sie an der verschlossenen Toilet-
tentüre, ohne sie öffnen zu können. Der Polizist Gerber
und der Securitaswächter* Brenneisen, die Bötzinger von
der Straße heraufholte, erbrachen* die Türe mit Gewalt:
Man fand den Unglücklichen tot auf dem Boden zusammengekrümmt. Über den Hergang des Unglücks ist man
sich nicht im klaren. Doch kommt ein Verbrechen nicht
in Frage, wie in der heutigen Presseorientierung der Untersuchungsrichter Lutz feststellte. Weist die Untersuchung zwar darauf hin, daß irgendein harter Gegenstand
von oben Fortschig traf, so wird dies durch den Ort unmöglich gemacht. Der Lichtschacht, gegen den sich das

kleine Toilettenfenster öffnet (die Toilette befindet sich
im vierten Stock), ist schmal, und es ist unmöglich, daß
ein Mensch dort hinauf- oder hinunterklettern könnte:
entsprechende Experimente der Polizei beweisen dies ein-
deutig. Auch mußte die Türe von innen verriegelt worden
sein, denn die bekannten Kunstgriffe, mit denen dies vor-
getäuscht werden könnte, fallen nicht in Betracht. Die
Türe ist ohne Schlüsselloch und mit einem schweren Riegel schließbar. Es bleibt keine Erklärung, als einen unglücklichen Sturz des Schriftstellers anzunehmen, um so
mehr, da er ja, wie Professor Dettling ausführte, sinnlos
betrunken war . . .'

Kaum hatte dies der Alte gelesen, ließ er die Zeitung
fallen. Seine Hände verkrallten sich* in der Bettdecke.

„Der Zwerg, der Zwerg!" schrie er ins Zimmer hinein,
da er mit einem Schlag begriffen hatte, wie Fortschig um-
gekommen war.

„Ja, der Zwerg", antwortete eine ruhige, überlegene
Stimme von der Türe her, die sich unmerklich geöffnet
hatte.

„Sie werden mir zugeben, Herr Kommissär, daß ich
mir einen Henker zugelegt habe, den man kaum so leicht
finden dürfte."

In der Türe stand Emmenberger.

Die Uhr

Der Arzt schloß die Türe.

Er war nicht im Berufsmantel, wie ihn der Kommissär
zuerst gesehen hatte, sondern in einem dunklen, gestreif-
ten Kleid* mit weißer Krawatte auf einem silbergrauen
Hemd, eine sorgfältig hergerichtete Erscheinung, fast gek-
kenhaft, um so mehr, da er dicke gelbe Lederhandschuhe
trug, als fürchte er, sich zu beschmutzen.

„Da wären wir Berner also einmal unter uns",* sagte
Emmenberger und machte vor dem hilflosen, skelettarti-
gen Kranken eine leichte, mehr höfliche als ironische Ver-
beugung. Dann ergriff er einen Stuhl, den er hinter dem
zurückgeschlagenen Vorhang hervorholte und den Bärlach aus diesem Grunde nicht hatte sehen können. Der
Arzt setzte sich an des Alten Bett, indem er die Stuhllehne
gegen den Kommissär kehrte, so daß er sie an seine Brust
pressen und die verschränkten Arme darauflegen konnte.
Der Alte hatte sich wieder gefaßt. Sorgfältig griff er nach
der Zeitung, die er zusammenfaltete und auf den Nachttisch legte, dann verschränkte er nach alter Gewohnheit
seine Arme hinter dem Kopf.

„Sie haben den armen Fortschig töten lassen", sagte
Bärlach.

„Wenn einer mit so pathetischer* Feder ein Todesurteil
niederschreibt, gehört* ihm wohl ein Denkzettel, will mir
scheinen", antwortete der andere mit ebenso sachlicher
Stimme. „Sogar die Schriftstellerei wird heute wieder etwas Gefährliches, und das tut ihr nur gut."

„Was wollen Sie von mir?" fragte der Kommissär.

Emmenberger lachte. „Es ist wohl vor allem an mir zu
fragen: Was wollen Sie von mir."

„Das wissen Sie genau", entgegnete der Kommissär.

„Gewiß", antwortete der Arzt. „Das weiß ich genau.
Und so werden Sie auch genau wissen, was ich von Ihnen
will."

Emmenberger stand auf und schritt zur Wand, die er
einen Augenblick lang betrachtete, dem Kommissär den
Rücken zukehrend. Irgendwo mußte er nun einen Knopf
oder einen Hebel niedergedrückt haben; denn die Wand
mit den tanzenden Männern und Frauen glitt lautlos
auseinander wie eine Flügeltüre.* Hinter ihr wurde ein
weiter Raum mit Glasschränken sichtbar, die chirurgische

Instrumente enthielten, blitzende Messer und Scheren in
Metallbehältern, Wattebüschel, Spritzen in milchigen
Flüssigkeiten, Flaschen und eine dünne rote Ledermaske,
alles säuberlich und ordentlich nebeneinander. In der
Mitte des nun erweiterten Raumes stand ein Operationstisch. Gleichzeitig aber senkte sich von oben langsam und
bedrohlich ein schwerer Metallschirm über das Fenster.
Das Zimmer flammte auf, denn in die Decke waren,
zwischen den Fugen der Spiegel, Neonröhren gelegt, wie
der Alte erst jetzt bemerkte, und über den Schränken hing
im blauen Licht eine große, runde, grünlich leuchtende
Scheibe, eine Uhr.

„Sie haben die Absicht, mich ohne Narkose zu operieren", flüsterte der Alte.

Emmenberger antwortete nicht.

„Da ich ein schwacher, alter Mensch bin, werde ich
schreien, fürchte ich", fuhr der Kommissär fort. „Ich denke nicht, daß Sie in mir ein tapferes Opfer finden werden."

Auch darauf gab der Arzt keine Antwort. „Sehen Sie
die Uhr?" fragte er vielmehr.

„Ich sehe sie", sagte Bärlach.

„Sie steht auf halb elf", sagte der andere und verglich
sie mit seiner Armbanduhr. „Um sieben werde ich Sie
operieren."

„In achteinhalb Stunden."

„In achteinhalb Stunden", bestätigte der Arzt.

„Aber jetzt müssen wir noch etwas miteinander bespre-
chen, denke ich, mein Herr.* Wir kommen nicht darum
herum, dann will ich Sie nicht mehr stören. Die letzten
Stunden sei man gerne mit sich allein, heißt es. Gut.
Doch geben Sie mir ungebührlich viel* Arbeit."

Er setzte sich wieder auf den Stuhl, die Lehne gegen die
Brust gepreßt.

„Ich denke, Sie sind das gewohnt", entgegnete der Alte.

Emmenberger stutzte einen Augenblick. „Es freut
mich", sagte er endlich, indem er den Kopf schüttelte,
„daß Sie den Humor nicht verloren haben. Da wäre
Fortschig gewesen.* — Er ist zum Tode verurteilt worden
und hingerichtet. Mein Zwerg hat gute Arbeit geleistet.
Den Lichtschacht im Hause an der Keßlergasse* hin-
unterzuklettern, nach einer mühsamen Dachpromenade
über die nassen Ziegel, von Katzen umschnurrt,* und
durch das kleine Fenster auf den andächtig sitzenden
Dichterfürsten* einen doch wirklich kraftvollen und tödlichen Hieb mit meinem Autoheber* zu führen, war für
den Däumling* nicht eben leicht. Ich war ordentlich gespannt, als ich in meinem Wagen neben dem Judenfriedhof* auf den kleinen Affen wartete, ob er es schaffen
würde. Aber so ein Teufel, der keine achtzig Zentimeter
mißt, schafft lautlos und vor allem unsichtbar. Nach zwei
Stunden schon kam er im Schatten der Bäume angehüpft.
Sie, Herr Kommissär, werde ich selbst zu übernehmen
haben. Das wird nicht schwer sein, wir können uns die für
Sie doch wohl peinlichen* Worte ersparen. Aber was, um
Gottes willen, machen wir nun mit unserem gemeinsamen
Bekannten, mit unserem lieben alten Freund, dem Doktor
Samuel Hungertobel am Bärenplatz?"*
    „Wie kommen Sie auf den?" fragte der Alte lauernd.
    „Er hat Sie ja hergebracht."
    „Mit dem habe ich nichts zu schaffen", sagte der Kom-
missär schnell.
    „Er telephonierte jeden Tag gleich zweimal, wie es sei-
nem alten Freund Kramer denn auch gehe, und verlangte
Sie zu sprechen", stellte Emmenberger fest und runzelte
bekümmert die Stirne.
    Bärlach sah unwillkürlich nach der Uhr über den Glas-
schränken.
    „Gewiß, es ist Viertel vor elf", sagte der Arzt und

betrachtete den Alten nachdenklich, aber nicht feind-
schaftlich. „Kommen wir auf Hungertobel zurück."

„Er war aufmerksam zu mir, bemühte sich um meine
Krankheit, hat aber nichts mit uns beiden zu schaffen",
entgegnete der Kommissär hartnäckig.

„Sie haben den Bericht unter Ihrem Bild im ‚Bund‘ gelesen?"

Bärlach schwieg einen Augenblick und dachte nach, was
denn Emmenberger mit dieser Frage wolle.

„Ich lese keine Zeitungen."

„Es hieß darin, mit Ihnen sei eine stadtbekannte Per-
sönlichkeit zurückgetreten", sagte Emmenberger, „und
trotzdem hat Sie Hungertobel unter dem Namen Blaise
Kramer bei uns eingeliefert."

Der Kommissär gab sich keine Blöße.* Er habe sich bei
ihm unter diesem Namen angemeldet, sagte er.

„Auch wenn er mich einmal gesehen hätte, konnte er
mich kaum wiedererkennen, da ich durch die Krankheit
verändert worden bin."

Der Arzt lachte. „Sie behaupten, Sie seien krank geworden, um mich hier auf dem Sonnenstein aufzusuchen?"

Bärlach gab keine Antwort.

Emmenberger sah den Alten traurig an. „Mein lieber
Kommissär", fuhr er fort, mit einem leisen Vorwurf in
der Stimme, „Sie kommen mir in unserem Verhör auch
gar nicht entgegen."*

„Ich habe Sie zu verhören, nicht Sie mich", entgegnete
der Kommissär trotzig.

„Sie atmen schwer", stellte Emmenberger bekümmert
fest.

Bärlach antwortete nicht mehr. Nur das Ticken der
Uhr war zu vernehmen, das erste Mal, daß es der Alte
hörte. Nun würde ich es immer wieder hören, dachte er.

„Wäre es nicht an der Zeit, einmal Ihre Niederlage zu-
zugeben?" fragte der Arzt freundlich.

„Es bleibt mir wohl nichts anderes übrig", antwortete
Bärlach todmüde, indem er die Hände hinter dem Kopf
hervorholte und sie auf die Decke legte. „Die Uhr, wenn
nur die Uhr nicht wäre."

„Die Uhr, wenn nur die Uhr nicht wäre", wiederholte
der Arzt des Alten Worte. „Was treiben wir uns im
Kreise herum? Um sieben werde ich Sie töten. Das wird
Ihnen die Sache soweit erleichtern, daß Sie den Fall
Emmenberger-Bärlach unvoreingenommen mit mir betrachten können. Wir sind beide Wissenschaftler mit ent-
gegengesetzten Zielen, Schachspieler, die an einem Brett
sitzen. Ihr Zug ist getan, nun kommt der meine. Aber eine
Besonderheit hat unser Spiel: Entweder wird einer verlieren oder beide. Sie haben Ihr Spiel schon verloren, nun
bin ich neugierig, ob ich das meine auch verlieren muß."

„Sie werden das Ihre verlieren", sagte Bärlach leise.

Emmenberger lachte. „Das ist möglich. Ich wäre ein
schlechter Schachspieler, wenn ich nicht mit dieser Möglichkeit rechnete. Aber sehen wir doch genauer hin. Sie
haben keine Chance mehr, um sieben werde ich mit meinen Messern kommen, und kommt es nicht dazu (wenn es
der Zufall will), sterben Sie in einem Jahr an Ihrer Krankheit; doch meine Chance, wie steht es damit? Schlimm
genug, ich gebe es zu: Sie sind ja schon auf meiner
Spur!"

Der Arzt lachte aufs neue.

Dies scheine ihm Spaß zu machen, stellte der Alte erstaunt fest. Der Arzt kam ihm immer seltsamer vor.

„Ich gebe zu, daß es mich amüsiert, mich wie eine
Fliege in Ihrem Netz zappeln* zu sehen, um so mehr als
Sie gleichzeitig in meinem Netz hängen. Doch sehen wir
weiter: Wer hat Sie auf meine Spur gebracht?"

Er sei von selbst darauf gekommen, behauptete der Alte.

Emmenberger schüttelte den Kopf. „Gehen wir doch zu glaubwürdigeren Dingen über", sagte er. „Auf meine Verbrechen — um diesen populären Ausdruck zu brauchen — kommt man nicht von selbst, wie wenn dergleichen einfach aus dem heiteren Himmel heraus möglich wäre. Und sicher dann vor allem nicht, wenn man noch gar ein Kommissär der Stadtpolizei Bern ist, als ob ich einen Fahrraddiebstahl oder eine Abtreibung begangen hätte. Sehen wir uns doch einmal meinen Fall an — Sie, der Sie ja nun keine Chance mehr haben, dürfen die Wahrheit vernehmen, das Vorrecht der Verlorenen. Ich war vorsichtig, gründlich und pedantisch — in dieser Hinsicht habe ich saubere Facharbeit* geleistet —, aber trotz aller Vorsicht gibt es natürlich Indizien* gegen mich. Ein indizienloses Verbrechen ist in dieser Welt des Zufalls unmöglich. Zählen wir auf: Wo konnte der Kommissär Hans Bärlach einsetzen? Da ist einmal die Photographie im ‚Life'. Wer die Tollkühnheit hatte, sie in jenen Tagen zustande zu bringen, weiß ich nicht; es genügt mir, daß sie vorhanden ist. Schlimm genug. Doch wollen wir die Sache nicht übertreiben. Millionen haben einmal diese berühmte Photographie gesehen, darunter sicher viele, die mich kennen: und doch hat mich bis jetzt keiner erkannt, das Bild zeigt zu wenig von meinem Gesicht. Wer konnte mich nun erkennen? Entweder einer, der mich in Stutthof gesehen hat und mich hier kennt — eine geringe Möglichkeit, da ich die Subjekte, die ich mir aus Stutthof mitnahm, in der Hand habe; doch, wie jeder Zufall, nicht ganz von der Hand zu weisen — oder einer, der mich von meinem Leben in der Schweiz vor zweiunddreißig her in ähnlicher Erinnerung hatte. Es gibt in dieser Zeit einen Vorfall, den ich als junger Student in einer Berghütte er-

lebt habe — o ich erinnere mich sehr genau —, es geschah
vor einem roten Abendhimmel: Hungertobel war einer
der fünf, die damals zugegen waren. Es ist daher anzunehmen, daß Hungertobel mich erkannte.''

„Unsinn'', entgegnete der Alte bestimmt; das sei eine
unberechtigte Idee, eine leere Spekulation, sonst nichts.
Er ahnte, daß der Freund bedroht war, ja, in großer
Gefahr schwebte, wenn es ihm nicht gelang, jeden Verdacht von Hungertobel abzulenken, obgleich er sich
nicht recht vorstellen konnte, worin denn diese Gefahr
bestehe.

„Fällen wir das Todesurteil über den armen alten Doktor nicht zu schnell. Gehen wir vorher zu andern möglichen Indizien über, die gegen mich vorliegen, versuchen
wir ihn reinzuwaschen'', fuhr Emmenberger fort, sein
Kinn auf die verschränkten, auf der Lehne liegenden Arme gestützt. „Die Angelegenheit mit Nehle. Auch die haben Sie herausgefunden, Herr Kommissär, ich gratuliere,
das ist erstaunlich, die Marlok hat es mir berichtet. Geben wir es denn zu: ich habe Nehle selbst die Narbe in die
rechte Augenbraue hineinoperiert und die Brandwunde in
den linken Unterarm, die auch ich besitze, um uns identisch zu machen, einen aus zwei. Ich habe ihn unter
meinem Namen nach Chile geschickt und ihn — als der
treuherzige Naturbursche, der nie Lateinisch und Griechisch lernen konnte, diese erstaunliche Begabung auf dem
unermeßlichen Gebiet der Medizin, unserer Verabredung
gemäß heimkehrte — in einem windschiefen zerbröckel-
ten Hotelzimmer im Hamburger Hafen gezwungen, eine
Blausäurekapsel einzunehmen. C'est ça, würde meine
schöne Geliebte sagen. Nehle war ein Ehrenmann. Er
schickte sich* in sein Schicksal — einige energische Handgriffe meinerseits will ich verschweigen* — und täuschte
den schönsten Selbstmord vor, den man sich denken kann.

Sprechen wir nicht mehr über diese Szene mitten unter Dirnen und Matrosen, die sich im neblichten Morgengrauen einer halbverkohlten und vermoderten* Stadt abspielte, in die das dumpfe Tuten verlorener Schiffe melancholisch genug hineintönte. Diese Geschichte war ein gewagtes Spiel, das mir immer noch bitterböse Streiche spielen kann; denn was weiß ich schon, was alles der begabte Dilettant in Santiago trieb, welche Freundschaften er da unterhielt und wer plötzlich hier in Zürich erscheinen könnte, Nehle zu besuchen. Doch halten wir uns an die Tatsachen. Was spricht gegen mich, falls jemand auf diese Spur kommt? Da ist vor allem Nehles ehrgeiziger Einfall, in die ‚Lancet‘ und in die ‚Schweizerische medizinische Wochenschrift‘ Artikel zu schreiben; er könnte sich als ein fatales Indizium erweisen, falls es sich jemand einfallen ließe, stilistische Vergleichungen mit meinen einstigen Artikeln zu unternehmen. Nehle schrieb gar zu hemmungslos berlinerisch. Dazu aber muß man die Artikel lesen, was wieder auf einen Arzt schließen läßt. Sie sehen, es steht schlecht um unseren Freund. Zwar ist er arglos, geben wir das zu seinem Gunsten zu. Doch wenn sich zu ihm noch ein Kriminalist gesellt, was ich anzunehmen gezwungen bin, kann ich für den Alten nicht mehr die Hand ins Feuer legen.‘‘*

„Ich bin im Auftrag der Polizei hier‘‘, antwortete der Kommissär ruhig. „Die deutsche Polizei faßte gegen Sie Verdacht und hat die Polizei der Stadt Bern beauftragt, Ihren Fall zu untersuchen. Sie werden mich heute nicht operieren, denn mein Tod würde Sie überweisen. Auch Hungertobel werden Sie in Ruhe lassen.‘‘

„Elf Uhr zwei‘‘, sagte der Arzt.

„Ich sehe‘‘, antwortete Bärlach.

„Die Polizei, die Polizei‘‘, fuhr Emmenberger fort und sah den Kranken nachdenklich an. „Es ist natürlich da-

mit zu rechnen, daß sogar die Polizei hinter mein Leben
kommen kann, doch scheint mir dies hier unwahrscheinlich zu sein, weil es für Sie der günstigste Fall wäre. Die
deutsche Polizei, welche die Stadtpolizei Bern beauftragt,
einen Verbrecher in Zürich zu suchen!* Nein, das scheint
mir nicht ganz logisch. Ich würde es vielleicht glauben,
wenn Sie nicht krank wären, wenn es mit Ihnen nicht
gerade auf Leben und Tod ginge: Ihre Operation und
Ihre Krankheit ist ja nicht gespielt, das kann ich als Arzt
entscheiden. Ebensowenig Ihre Entlassung,* von der die
Zeitungen berichten. Was sind Sie denn für ein Mensch?
Vor allem ein zäher und hartnäckiger alter Mann, der
sich ungern geschlagen gibt* und wohl auch nicht gern
abdankt. Die Möglichkeit ist vorhanden, daß Sie privat,
ohne jede Unterstützung, ohne Polizei, gegen mich ins
Feld gezogen sind, gewissermaßen samt Ihrem Kranken-
bett, auf einen vagen Verdacht hin, den Sie in einem
Gespräch mit Hungertobel gefaßt haben, ohne einen wirk-
lichen Beweis. Vielleicht waren Sie noch zu stolz, irgend
jemand außer Hungertobel einzuweihen, und auch der
scheint seiner Sache höchst unsicher zu sein. Es ging
Ihnen nur darum, auch als kranker Mann zu beweisen,
daß Sie mehr als die verstehen, welche Sie entlassen haben.
Dies alles halte ich für wahrscheinlicher als die Möglichkeit, daß sich die Polizei zu dem Schritt entschließt, einen
schwerkranken Mann in ein so heikles Unternehmen zu
stürzen, um so mehr, als ja die Polizei bis zur Stunde im
Falle des toten Fortschig nicht auf die richtige Spur kam,
was doch hätte geschehen müssen, wenn sie gegen mich
Verdacht gefaßt hätte. Sie sind allein und Sie gehen allein
gegen mich vor, Herr Kommissär. Auch den herunter-
gekommenen Schriftsteller halte ich für ahnungslos.‘‘*
„Warum haben Sie ihn getötet?‘‘ schrie der Alte.
„Aus Vorsicht‘‘, antwortete der Arzt gleichgültig.

„Zehn nach elf. Die Zeit eilt, mein Herr, die Zeit eilt.
Auch Hungertobel werde ich aus Vorsicht töten müssen."

„Sie wollen ihn töten?" rief der Kommissär und versuchte sich aufzurichten.

„Bleiben Sie liegen!" befahl Emmenberger so bestimmt,
daß der Kranke gehorchte. „Es ist heute Donnerstag", sagte er. „Da nehmen wir Ärzte einen freien Nachmittag,*
nicht wahr. Da dachte ich, Hungertobel, Ihnen und mir
eine Freude zu machen, und bat ihn, uns zu besuchen. Er
wird im Wagen von Bern kommen."

„Was wird geschehen?"

„Hinten in seinem Wagen wird mein kleiner Däumling
sitzen", entgegnete Emmenberger.

„Der Zwerg", schrie der Kommissär.

„Der Zwerg", bestätigte der Arzt. „Immer wieder der
Zwerg. Ein nützliches Werkzeug, das ich mir aus Stutthof heimbrachte. Es geriet mir schon damals zwischen
die Beine, dieses lächerliche Ding, wenn ich operierte, und
nach dem Reichsgesetz* des Herrn Heinrich Himmler*
hätte ich den Knirps* als lebensunwert töten müssen,
als ob je ein arischer Riese lebenswerter gewesen wäre!
Wozu auch? Ich habe Kuriositäten immer geliebt, und
ein entwürdigter Mensch gibt* noch immer das zuverlässigste Instrument. Weil der kleine Affe spürte, daß
er mir das Leben verdankte, ließ er sich aufs nützlichste
dressieren."

Die Uhr zeigte elf Uhr vierzehn.

Der Kommissär war so müde, daß er auf Momente die
Augen schloß; und immer wieder, wenn er sie öffnete, sah
er die Uhr, immer wieder die große, runde, schwebende
Uhr. Er begriff nun, daß es keine Rettung mehr für ihn
gab. Emmenberger hatte ihn durchschaut. Er war verloren, und auch Hungertobel war verloren.

„Sie sind ein Nihilist", sagte er leise, fast flüsternd in

den schweigenden Raum hinein, in welchem nur die Uhr tickte. Immerzu.

„Sie wollen damit sagen, daß ich nichts glaube?" fragte Emmenberger, und seine Stimme verriet nicht die leiseste Bitterkeit.

„Ich kann mir nicht denken, daß meine Worte irgendeinen andern Sinn haben können", antwortete der Alte in seinem Bett, die Hände hilflos auf der Decke.

„Woran glauben Sie denn, Herr Kommissär?" fragte der Arzt, ohne seine Stellung zu verändern, und sah den Alten neugierig und gespannt an.

Bärlach schwieg.

Im Hintergrund tickte die Uhr, ohne Pause, die Uhr, immer gleich, mit unerbittlichen Zeigern,* die sich ihrem Ziel unmerklich und doch sichtbar entgegenschoben.

„Sie schweigen", stellte Emmenberger fest, und seine Stimme hatte nun das Elegante und Spielerische verloren und klang klar und hell: „Sie schweigen. Ein Mensch der heutigen Zeit antwortet nicht gerne auf die Frage: Was glauben Sie? Es ist unschicklich geworden, so zu fragen. Man liebt es nicht, große Worte zu machen, wie man bescheiden sagt, und am wenigsten gar eine bestimmte Antwort zu geben, etwa zu sagen: ‚Ich glaube an Gott Vater, Gott Sohn und Gott den Heiligen Geist', wie einst die Christen antworteten, stolz, daß sie antworten konnten. Man liebt es heute zu schweigen, wenn man gefragt wird, wie ein Mädchen, dem man eine peinliche Frage stellt. Man weiß ja auch nicht recht, woran man denn eigentlich glaubt, es ist nicht etwa nichts, weiß Gott nicht, man glaubt doch — wenn auch recht dämmerhaft, als wäre ein ungewisser Nebel in einem — an so etwas wie Menschlichkeit, Christentum, Toleranz, Gerechtigkeit, Sozialismus und Nächstenliebe, Dinge, die etwas hohl klingen, was man ja auch zugibt, doch denkt man sich

immer noch: Es kommt ja auch nicht auf die Worte an;
am wichtigsten ist es doch, daß man anständig und nach
bestem Gewissen lebt. Das versucht man denn auch, teils
indem man sich bemüht, teils indem man sich treiben
läßt.* Alles, was man unternimmt, die Taten und die
Untaten, geschieht auf gut Glück hin,* das Böse und das
Gute fällt einem wie bei einer Lotterie als Zufallslos in den
Schoß; aus Zufall wird man recht und aus Zufall schlecht.
Aber mit dem großen Wort Nihilist ist man gleich zur
Hand, das wirft man jedem anderen, bei dem man etwas
Bedrohliches wittert, mit großer Pose und mit noch
größerer Überzeugung an den Kopf. Ich kenne sie, diese
Leute, sie sind überzeugt, daß es ihr Recht ist, zu behaupten, eins plus eins sei drei, vier oder neunundneunzig, und
daß es unrecht wäre, von ihnen die Antwort zu verlangen,
eins plus eins sei zwei. Ihnen kommt alles Klare stur* vor,
weil es vor allem zur Klarheit Charakter braucht. Sie sind
ahnungslos,* daß ein entschlossener Kommunist — um
ein etwas ausgefallenes Beispiel zu gebrauchen; denn die
meisten Kommunisten sind Kommunisten wie die meisten
Christen Christen sind, aus einem Mißverständnis —, sie
sind ahnungslos, daß so ein Mensch, der mit ganzer Seele
an die Notwendigkeit der Revolution glaubt, und daran,
daß nur dieser Weg, auch wenn er über Millionen von
Leichen geht, einmal zum Guten führt, zu einer besseren
Welt — viel weniger ein Nihilist ist als sie, als irgendein
Herr Müller oder Huber, der weder an einen Gott noch an
keinen glaubt, weder an eine Hölle noch an einen Himmel,
sondern nur an das Recht, Geschäfte zu machen — ein
Glaube, den als Kredo zu postulieren sie aber zu feige sind.
So leben sie denn dahin wie Würmer in irgendeinem Brei,
der keine Entscheidung zuläßt, mit einer nebelhaften Vorstellung von etwas, das gut und recht und wahr ist, wie
wenn es in einem Brei so etwas geben könnte."

„Ich hatte keine Ahnung, daß ein Henker zu einem so
großen Wortschwall fähig ist",* sagte Bärlach. „Ich hielt
Ihresgleichen für wortkarg."

„Brav", lachte Emmenberger. „Der Mut scheint Ihnen
wieder zu kommen. Brav! Ich brauche mutige Leute zu
meinen Experimenten in meinem Laboratorium, und es
ist nur schade, daß mein Anschauungsunterricht stets mit
dem Tod des Schülers endet. Nun gut, sehen wir, was
ich für einen Glauben habe, und legen wir ihn auf eine
Waage, und sehen wir, wenn wir den Ihren auf die andere
Schale legen, wer von uns beiden den größeren Glauben
besitzt, der Nihilist — da Sie mich so bezeichnen — oder
der Christ. Sie sind im Namen der Menschlichkeit, oder
wer weiß was für Ideen, zu mir gekommen, um mich zu
vernichten. Ich denke, daß Sie mir diese Neugierde nicht
verweigern dürfen."

„Ich verstehe", antwortete der Kommissär, der sich bemühte, die Furcht niederzuringen, die immer gewaltiger,
immer bedrohlicher mit dem Fortschreiten der Zeiger in
ihm aufstieg: „Jetzt wollen Sie Ihr Kredo herunterleiern.*
Es ist seltsam, daß auch Massenmörder ein solches haben."

„Es ist fünf vor halb zwölf", entgegnete Emmenberger.

„Wie freundlich, mich daran zu erinnern", stöhnte der
Alte, zitternd vor Zorn und Ohnmacht.*

„Der Mensch, was ist der Mensch?" lachte der Arzt.
„Ich schäme mich nicht, ein Kredo zu haben, ich schweige
nicht, wie Sie geschwiegen haben. Wie die Christen an
drei Dinge glauben, die nur ein Ding sind, an die Drei-
einigkeit, so glaube ich an zwei Dinge, die doch ein und
dasselbe sind, daß etwas ist, und daß ich bin. Ich glaube
an die Materie, die gleichzeitig Kraft und Masse ist, ein
unvorstellbares All* und eine Kugel, die man umschreiten
kann, abtasten wie einen Kinderball, auf der wir leben
und durch die abenteuerliche Leere des Raums fahren;

ich glaube an eine Materie (wie schäbig und leer ist es
daneben,* zu sagen: ‚Ich glaube an einen Gott‘), die
greifbar als Tier, als Pflanze oder als Kohle* und ungreif-
bar, kaum berechenbar, als Atom ist; die keinen Gott
braucht, oder was man auch immer hinzuerfindet, deren
einziges unbegreifliches Mysterium ihr Sein ist. Und ich
glaube, daß ich bin, als ein Teil dieser Materie, Atom,
Kraft, Masse, Molekül wie Sie, und daß mir meine
Existenz das Recht gibt, zu tun, was ich will. Ich bin als
Teil nur ein Augenblick, nur Zufall, wie das Leben in
dieser ungeheuren Welt nur eine ihrer unermeßlichen
Möglichkeiten ist, ebenso Zufall wie ich — die Erde etwas
näher bei der Sonne, und es wäre kein Leben —, und mein
Sinn besteht darin, nur Augenblick zu sein. O die gewal-
tige Nacht, da ich dies begriff! Nichts ist heilig als die
Materie: der Mensch, das Tier, die Pflanze, der Mond,
die Milchstraße, was auch immer ich sehe, sind zufällige
Gruppierungen, Unwesentlichkeiten, wie der Schaum
oder die Welle des Wassers etwas Unwesentliches sind: es
ist gleichgültig, ob die Dinge sind oder nicht sind; sie sind
austauschbar. Wenn sie nicht sind, gibt es etwas anderes,
wenn auf diesem Planeten das Leben erlischt, kommt es,
irgendwo im Weltall, auf einem anderen Planeten hervor:
wie das große Los* immer einmal kommt, zufällig, durch
das Gesetz der großen Zahl.* Es ist lächerlich, dem Menschen Dauer zu geben, denn es wird immer nur die Illusion
einer Dauer sein, Systeme an Macht zu erfinden, um einige
Jahre an der Spitze irgendeines Staates oder irgendeiner
Kirche zu vegetieren. Es ist unsinnig in einer Welt, die
ihrer Struktur nach eine Lotterie ist, nach dem Wohl der
Menschen zu trachten, als ob es einen Sinn hätte, wenn jedes Los einen Rappen* gewinnt und nicht die meisten
nichts, wie wenn es eine andere Sehnsucht gäbe als nur die,
einmal dieser einzelne, einzige, dieser Ungerechte zu sein,

der das Los gewann. Es ist Unsinn, an die Materie zu glauben und zugleich an einen Humanismus, man kann nur an die Materie glauben und an das Ich. Es gibt keine Gerechtigkeit* — wie könnte die Materie gerecht sein? —, es gibt nur die Freiheit, die nicht verdient werden kann — da müßte es eine Gerechtigkeit geben —, die nicht gegeben werden kann — wer könnte sie geben? —, sondern die man sich nehmen muß. Die Freiheit ist der Mut zum Verbrechen, weil sie selbst ein Verbrechen ist."

„Ich verstehe", rief der Kommissär, zusammengekrümmt, ein verendendes Tier, auf seinem weißen Laken liegend wie am Rande einer endlosen, gleichgültigen Straße. „Sie glauben an nichts als an das Recht, den Menschen zu foltern!"

„Bravo", antwortete der Arzt und klatschte in die Hände. „Bravo! Das nenne ich einen guten Schüler, der es wagt, jenen Schluß zu ziehen, nach dem ich lebe. Bravo, bravo." (Immer wieder klatschte er in die Hände.) „Ich wagte es, ich selbst zu sein und nichts außerdem, ich gab mich dem hin, was mich frei machte, dem Mord und der Folter; denn wenn ich einen anderen Menschen töte — und ich werde es um sieben wieder tun —, wenn ich mich außerhalb jeder Menschenordnung stelle, die unsere Schwäche errichtete, werde ich frei, werde ich nichts als ein Augenblick, aber was für ein Augenblick! An Intensität gleich ungeheuer wie die Materie, gleich mächtig wie sie, gleich unberechtigt wie sie, und in den Schreien und in der Qual, die mir aus den geöffneten Mündern und aus den gläsernen Augen entgegenschlägt, über die ich mich bücke, in diesem zitternden, ohnmächtigen, weißen Fleisch unter meinem Messer spiegelt sich *mein* Triumph und *meine* Freiheit und nichts außerdem."

Der Arzt schwieg. Langsam erhob er sich und setzte sich auf den Operationstisch.

Über ihm zeigte die Uhr drei Minuten vor zwölf, zwei Minuten vor zwölf, zwölf.

„Sieben Stunden", kam es flüsternd, fast unhörbar vom Bett des Kranken her.

„Zeigen Sie mir nun Ihren Glauben", sagte Emmenberger. Seine Stimme war wieder ruhig und sachlich und nicht mehr leidenschaftlich und hart wie zuletzt.

Bärlach antwortete nichts.

„Sie schweigen", sagte der Arzt traurig. „Immer wieder schweigen Sie."

Der Kranke gab keine Antwort.

„Sie schweigen und Sie schweigen", stellte der Arzt fest und stützte beide Hände auf den Operationstisch. „Ich setze* bedingungslos alles auf ein Los. Ich war mächtig, weil ich mich nie fürchtete, weil es mir gleichgültig war, ob ich entdeckt werde oder nicht. Ich bin auch jetzt bereit, alles auf ein Los zu werfen, wie auf eine Münze. Ich werde mich geschlagen geben, wenn Sie, Kommissär, beweisen, daß Sie einen gleich großen, gleich bedingungslosen Glauben wie ich besitzen."

Der Alte schwieg.

„Sagen Sie doch etwas", fuhr Emmenberger nach einer Pause fort, während der er gespannt und gierig nach dem Kranken blickte. „Geben Sie doch eine Antwort. Sie sind ein Christ. Sie wurden getauft. Sagen Sie, ich glaube mit Gewißheit, mit einer Kraft, die den Glauben eines schändlichen Massenmörders an die Materie übertrifft wie die Sonne an Licht einen armseligen Wintermond,* oder auch nur: mit einer Kraft, die gleich ist der seinen, an Christus, der Gottes Sohn ist."

Im Hintergrund tickte die Uhr.

„Vielleicht ist dieser Glaube zu schwer", sagte Emmenberger, da Bärlach immer noch schwieg, und trat an des Alten Bett. „Vielleicht haben Sie einen leichteren, ge-

wöhnlicheren Glauben. Sagen Sie: Ich glaube an die Gerechtigkeit und an die Menschheit, der diese Gerechtigkeit
dienen soll. Ihr zuliebe und nur ihr zuliebe habe ich, alt
und krank, das Abenteuer auf mich genommen, in den
Sonnenstein zu gehen, ohne Nebengedanken an den Ruhm
und an einen Triumph der eigenen Person über andere
Personen. Sagen Sie doch dies, es ist ein leichter, an-
ständiger Glaube, den man von einem heutigen Menschen
noch verlangen kann, sagen Sie dies, und Sie sind frei.
Ihr Glaube wird mir genügen, und ich werde denken, daß
Sie einen gleich großen Glauben wie ich besitzen, wenn
Sie dies sagen."

Der Alte schwieg.

„Sie glauben mir vielleicht nicht, daß ich Sie freilasse?"
fragte Emmenberger.

Keine Antwort.

„Sagen Sie es auf gut Glück hin", forderte der Arzt den
Kommissär auf. „Bekennen Sie Ihren Glauben, auch
wenn Sie meinen Worten nicht trauen. Vielleicht können
Sie nur gerettet werden, wenn Sie einen Glauben haben.
Vielleicht ist dies jetzt Ihre letzte Chance, die Chance,
nicht nur sich, sondern auch Hungertobel zu retten. Noch
ist es Zeit, ihm anzuläuten. Sie haben mich und ich habe
Sie gefunden. Einmal wird mein Spiel zu Ende sein,
irgendwo wird einmal meine Rechnung nicht stimmen.
Warum soll ich nicht verlieren? Ich kann Sie töten, ich
kann Sie freilassen,* was meinen Tod bedeutet. Ich habe
einen Punkt erreicht, von dem aus ich mit mir wie mit
einer fremden Person umzugehen vermag. Ich vernichte
mich, ich bewahre mich."

Er hielt inne und betrachtete den Kommissär gespannt.
„Es ist gleichgültig", sagte er, „was ich tue, eine mächti-
gere Position* ist nicht mehr zu erreichen: sich diesen
Punkt des Archimedes* zu erobern, ist das höchste, was

der Mensch erringen kann, ist sein einziger Sinn im Unsinn dieser Welt, im Mysterium dieser toten Materie, die, wie ein unermeßliches Aas, aus sich heraus immer wieder Leben und Sterben erzeugt. Doch binde ich — das ist meine Boshaftigkeit — Ihre Befreiung an einen lumpigen Witz,* an eine kinderleichte Bedingung, daß Sie mir einen gleich großen Glauben wie den meinen vorweisen können. Zeigen Sie her!* Der Glaube an das Gute wird doch wenigstens im Menschen gleich stark sein wie der Glaube an das Schlechte! Zeigen Sie her! Nichts wird mich mehr belustigen, als meine eigene Höllenfahrt zu verfolgen."

Nur die Uhr hörte man ticken.

„Dann sagen Sie es der Sache zuliebe",* fuhr Emmenberger nach einigem Warten fort, „dem Glauben an Gottes Sohn zuliebe, dem Glauben an die Gerechtigkeit zuliebe."

Die Uhr, nichts als die Uhr.

„Ihren Glauben", schrie der Arzt, „zeigen Sie mir Ihren Glauben!"

Der Alte lag da, die Hände in die Decke verkrallt.

„Ihren Glauben, Ihren Glauben!"

Die Stimme Emmenbergers war wie aus Erz, wie Posaunenstöße, die ein unendliches, graues Himmelsgewölbe durchbrechen.

Der Alte schwieg.

Da wurde Emmenbergers Antlitz, das gierig nach einer Antwort gewesen war, kalt und entspannt. Nur die Narbe über dem rechten Auge blieb gerötet. Es war, als ob ihn ein Ekel schüttelte, als er sich müde und gleichgültig vom Kranken abwandte und zur Türe hinausging, die sich leise schloß, so daß den Kommissär die leuchtende Bläue* des Raums umfing, in der nur die runde Scheibe der Uhr weitertickte, als sei sie des Alten Herz.

Ein Kinderlied

So lag Bärlach da und wartete auf den Tod. Die Zeit verging, die Zeiger schoben sich herum, deckten sich, strebten auseinander und kamen wieder zusammen, trennten sich von neuem. Es wurde halb ein Uhr, ein Uhr, fünf nach eins, zwanzig vor zwei, zwei Uhr, zehn nach zwei, halb drei. Das Zimmer lag da, unbeweglich, ein toter Raum im schattenlosen, blauen Licht, die Schränke voll mit seltsamen Instrumenten hinter Glas, in dem sich Bärlachs Gesicht und Hände undeutlich spiegelten. Alles war da, der weiße Operationstisch, das Bild Dürers mit dem mächtigen, erstarrten Pferd, die metallene Fläche über dem Fenster, der leere Stuhl mit der Lehne gegen den Alten gekehrt, nichts Lebendiges als das mechanische Ticktack der Uhr. Es wurde drei, es wurde vier. Kein Lärm, kein Stöhnen, kein Reden, kein Schrei, keine Schritte drangen zu dem alten Mann, der da lag auf einem metallenen Bett, der sich nicht rührte, kaum daß* sich sein Leib hob und senkte. Es gab keine Außenwelt mehr, keine Erde, die sich drehte, keine Sonne und keine Stadt. Es gab nichts mehr als eine grünliche runde Scheibe mit Zeigern, die sich verschoben, die ihre Stellung zueinander veränderten, die sich einholten, deckten, die auseinanderstrebten.* Es wurde halb fünf, fünfundzwanzig vor fünf, dreizehn vor fünf, fünf Uhr, fünf Uhr eins, fünf Uhr zwei, fünf Uhr drei, fünf Uhr vier, fünf Uhr sechs. Bärlach hatte sich mühsam mit dem Oberkörper* aufgerichtet. Er läutete einmal, zweimal, mehrere Male. Er wartete. Vielleicht konnte er noch mit Schwester Kläri reden. Vielleicht, daß ein Zufall ihn retten konnte. Halb sechs. Er drehte seinen Leib mühsam herum. Dann fiel er. Lange blieb er vor dem Bett liegen, auf einem roten Teppich, und über ihm, irgendwo über den gläsernen

Schränken tickte die Uhr, schoben sich die Zeiger herum,
wurde es dreizehn vor sechs, zwölf vor sechs, elf vor sechs.
Dann kroch er langsam gegen die Türe, schob sich mit den
Unterarmen vor, erreichte sie, versuchte sich aufzurichten, nach der Falle zu greifen, fiel zurück, blieb liegen,
versuchte es noch einmal, ein drittes Mal, ein fünftes Mal.
Vergeblich. Er kratzte an der Türe, da ihm das Schlagen
mit der Faust zu mühsam wurde. Wie eine Ratte, dachte
er. Dann lag er wieder unbeweglich, schob sich endlich ins
Zimmer zurück, hob den Kopf, schaute nach der Uhr.
Sechs Uhr zehn. „Noch fünfzig Minuten", sagte er laut
und deutlich in die Stille hinein, daß er erschrak. „Fünfzig Minuten." Er wollte ins Bett zurück; aber er fühlte,
daß er die Kraft nicht mehr besaß. So lag er da, vor dem
Operationstisch und wartete. Um ihn das Zimmer, die
Schränke, die Messer, das Bett, der Stuhl, die Uhr, immer
wieder die Uhr, eine verbrannte Sonne in einem bläu-
lichen verwesenden Weltgebäude, ein tickender Götze,* ein
tackendes Antlitz ohne Mund, ohne Augen, ohne Nase,
mit zwei Falten, die sich gegeneinanderzogen, die nun zu-
sammenwuchsen — fünfundzwanzig vor sieben, zweiund-
zwanzig vor sieben —, die sich nicht zu trennen schienen,
die sich nun doch trennten . . . einundzwanzig vor sieben,
zwanzig vor sieben, neunzehn vor sieben. Die Zeit schritt
fort, schritt weiter, mit leiser Erschütterung* im unbe-
stechlichen Takte der Uhr, die allein unbeweglich war,
der ruhende Magnet. Zehn vor sieben. Bärlach richtete
sich halb auf, lehnte sich gegen den Operationstisch mit
dem Oberkörper, ein alter, sitzender, kranker Mann, allein
und hilflos. Er wurde ruhig. Hinter ihm war die Uhr und
vor ihm die Türe, auf die er starrte, ergeben und demütig,
dieses Rechteck, durch das er treten mußte, er, auf den er
wartete, er, der ihn töten würde, langsam und exakt wie
eine Uhr, Schnitt um Schnitt mit den blitzenden Messern.

So saß er da. Nun war die Zeit in ihm, das Ticken in ihm, nun brauchte er nicht mehr hinzuschauen, nun wußte er, daß er nur noch vier Minuten zu warten hatte, noch drei, nun noch zwei: nun zählte er die Sekunden, die eins mit dem Schlagen seines Herzens waren, noch hundert, noch sechzig, noch dreißig. So zählte er, plappernd mit weißen, blutleeren Lippen, so starrte er, eine lebende Uhr, nach der Türe, die sich nun öffnete, nun, um sieben, mit einem Schlag: die sich ihm darbot als eine schwarze Höhle, als ein geöffneter Rachen, in dessen Mitte er schemenhaft und undeutlich eine riesige, dunkle Gestalt ahnte, doch war es nicht Emmenberger, wie der Alte glaubte; denn aus dem gähnenden Schlund dröhnte höhnisch und heiser dem Kommissär ein Kinderlied entgegen:*

> *„Hänschen klein*
> *ging allein*
> *in den großen Wald hinein"*,*

sang die pfeifende Stimme, und im Rahmen der Türe, sie füllend, stand mächtig und breit, im schwarzen Kaftan, der zerfetzt an den gewaltigen Gliedern herunterhing, der Jude Gulliver.

„Sei mir gegrüßt, Kommissar", sagte der Riese und schloß die Türe. „Da finde ich dich nun wieder, du trauriger Ritter ohne Furcht und Tadel,* der du ausgezogen bist, mit dem Geist das Böse zu bekämpfen, sitzend vor einem Schragen,* der jenem ähnlich ist, auf dem ich einmal gelegen bin im schönen Dörfchen Stutthof bei Danzig." Und er hob den Alten in die Höhe, daß der an des Juden Brust lag wie ein Kind, und brachte ihn ins Bett.

„Hergenommen",* lachte er, wie der Kommissär immer noch keine Worte fand, sondern totenbleich dalag, und holte aus den Fetzen seines Kaftans eine Flasche mit zwei Gläsern.

„Wodka habe ich keinen mehr", sagte der Jude, als er die Gläser füllte und sich zu dem Alten ans Bett setzte. „Aber in einem verlotterten Bauernhaus irgendwo im Emmental, in einem Krachen* voll Finsternis und Schnee, habe ich mir einige verstaubte Flaschen von diesem wackeren Kartoffelschnaps gestohlen. Auch gut. Einem Toten darf man das nachsehen, nicht wahr, Kommissar. Wenn sich eine Leiche wie ich — eine Feuerwasserleiche* gewissermaßen — ihren Tribut von den Lebenden in Nacht und Nebel holt, als Zwischenverpflegung, bis sie sich wieder in ihre Gräber bei den Sowjetern verkriecht, so ist das in Ordnung. Da, Kommissar, trink."

Er hielt ihm das Glas an die Lippen, und Bärlach trank. Es tat ihm gut, wenn er auch dachte, es sei wieder gegen iede Medizin.*

„Gulliver", flüsterte er und tastete nach dessen Hand. „Wie konntest du wissen, daß ich in dieser verfluchten Mausefalle bin?"

Der Riese lachte. „Christ", antwortete er, und die harten Augen in seinem narbenbedeckten, wimpern- und brauenlosen Schädel funkelten (er hatte inzwischen einige Gläser getrunken), „wozu ließest du mich denn sonst ins Salem kommen? Ich wußte gleich, daß du einen Verdacht gefaßt haben mußtest, daß vielleicht die unschätzbare Möglichkeit vorhanden war, diesen Nehle doch noch unter den Lebenden zu finden. Ich glaubte keinen Augenblick, es sei nur ein psychologisches Interesse, das dich nach Nehle fragen lasse, wie du damals in dieser Nacht voll Wodka behauptet hast. Sollte ich dich allein ins Verderben rennen lassen? Man kann heute nicht mehr das Böse allein bekämpfen, wie die Ritter einst allein gegen irgendeinen Drachen ins Feld zogen. Die Zeiten sind vorüber, wo es genügt, etwas scharfsinnig zu sein, um die Verbrecher, mit denen wir es heute zu tun haben, zu stellen.* Du Narr von einem Detektiv; die Zeit selbst hat dich ad absurdum geführt!* Ich ließ dich nicht mehr aus den Augen und bin gestern in der Nacht dem braven* Doktor Hungertobel leibhaftig* erschienen. Ich mußte ordentlich arbeiten, bis ich ihn aus seiner Ohnmacht* herausbrachte, so fürchtete er sich. Doch dann wußte ich, was ich wissen wollte, und nun bin ich da, um die alte Ordnung der Dinge wiederherzustellen. Dir die Mäuse in Bern, mir die Ratten von Stutthof. Das ist die Teilung der Welt."

„Wie bist du hergekommen?" fragte Bärlach leise.

Des Riesen Antlitz verzog sich zu einem Grinsen.

„Nicht unter irgendeinem Sitz der SBB* versteckt, wie du denkst", antwortete er, „sondern im Wagen Hungertobels."

„Er lebt?" fragte der Alte, der sich endlich in die Gewalt bekam,* und starrte den Juden atemlos an.

„Er wird dich in wenigen Minuten ins alte, gewohnte Salem zurückführen", sagte der Jude und trank in mächtigen Zügen den Kartoffelschnaps. „Er wartet vor dem Sonnenstein inzwischen in seinem Wagen."

„Der Zwerg", schrie Bärlach totenbleich in der plötzlichen Erkenntnis, daß der Jude von dieser Gefahr ja nichts wissen konnte. „Der Zwerg! Er wird ihn töten!"

„Ja, der Zwerg", lachte der Riese schnapstrinkend, unheimlich in seiner wilden Zerlumptheit,* und pfiff mit den Fingern seiner rechten Hand schrill und durchdringend, wie man einem Hund pfeift. Da schob sich die Metallfläche über dem Fenster in die Höhe, affenartig sprang ein kleiner schwarzer Schatten mit einem tollkühnen Überschlag ins Zimmer, unverständliche gurgelnde Laute ausstoßend, glitt blitzschnell zu Gulliver und sprang ihm auf

den Schoß, das häßliche, greisenhafte Zwergengesicht an
des Juden zerfetzte Brust gepreßt, dessen mächtigen haar-
losen Schädel mit den kleinen verkrüppelten Ärmchen
umschlingend.

„Da bist du ja, mein Äffchen, mein Tierchen, mein
kleines Höllenmonstrum", herzte der Jude den Zwerg
mit singender Stimme. „Mein armer Minotaurus,* mein
geschändetes Heinzelmännchen,* der du so oft in den
blutroten Nächten von Stutthof weinend und winselnd in
meinen Armen eingeschlafen bist, du einziger Gefährte
meiner armen Judenseele! Du mein Söhnlein, du meine
Alraunwurzel.* Belle, mein verwachsener Argos,* Odyß*
ist zu dir zurückgekehrt auf seiner endlosen Irrfahrt. Oh,
ich habe es mir gedacht, daß du den armen betrunkenen
Fortschig in ein anderes Leben gebracht hast, daß du in
den Lichtschacht geglitten bist, mein großer Molch,*
wurdest du doch schon damals in unserer Schinderstadt
zu solchen Kunststücken dressiert vom bösen Hexenmeister
Nehle, oder Emmenberger, oder Minos,* was weiß ich,
wie er heißt. Da, beiß in meinen Finger, mein Hündchen!
Und wie ich neben Hungertobel im Wagen sitze, höre ich
ein freudiges Gewinsel hinter mir, wie das einer räudigen
Katze. Es war mein armer kleiner Freund, Kommissar,
den da meine Faust hinter dem Sitz hervorzog. Was wollen
wir nun mit diesem kleinen Tierchen machen, das doch
ein Mensch ist, mit diesem Menschlein, das man doch
vollends zu einem Tier entwürdigte, mit diesem Mörderchen, das allein von uns allen unschuldig* ist, aus dessen
traurigen, braunen Augen uns der Jammer aller Kreatur*
entgegensieht?"

Der Alte hatte sich in seinem Bett aufgerichtet und sah
nach dem gespenstischen Paar, nach diesem gemarterten
Juden und nach dem Zwerg, den der Riese auf seinen
Knien wie ein Kind tanzen ließ.

„Und Emmenberger?" fragte er, „was ist mit Emmenberger?"

Da wurde des Riesen Antlitz wie ein grauer vorwelt-
licher Stein, in den hinein die Narben wie mit einem
Meißel gehauen waren. Er schmetterte die eben geleerte
Flasche mit einem Schwung seiner gewaltigen Arme
gegen die Schränke, daß ihr Glas zersplitterte, daß der
Zwerg, pfeifend* wie eine Ratte vor Angst, mit einem
Riesensprung sich unter dem Operationstisch versteckte.

„Was frägst du* danach, Kommissar?" zischte der Jude,
doch hatte er sich blitzschnell wieder gefaßt — nur die
fürchterlichen Schlitze der Augen funkelten gefährlich —,
und gemächlich holte er eine zweite Flasche aus seinem
Kaftan und begann von neuem in wilden Zügen* zu trinken. „Es macht durstig, in einer Hölle zu leben. Liebet
eure Feinde wie euch selbst, sagte einer auf dem steinigen
Hügel Golgatha und ließ sich ans Kreuz schlagen, an dessen elendem, halb verfaultem Holz er hing, mit einem flat-
ternden Tuch um die Lenden. Bete für Emmenbergers
arme Seele, Christ, nur die kühnen Gebete sind Jehova ge-
fällig. Bete! Er ist nicht mehr, der, nach dem du fragst.
Mein Handwerk ist blutig, Kommissar, ich darf nicht an
theologische Studien denken, wenn ich meine Arbeit ver-
richten muß. Ich war gerecht nach dem Gesetze Mosis,
gerecht nach meinem Gotte, Christ. Ich habe ihn getötet,
wie einst Nehle in irgendeinem ewig feuchten Hotelzimmer Hamburgs getötet wurde, und die Polizei wird ebenso
unfehlbar auf Selbstmord schließen, wie sie damals darauf
geschlossen hat. Was soll ich dir erzählen? Meine Hand
führte die seine, von meinen Armen umschlungen, preßte
er sich die tödliche Kapsel zwischen die Zähne. Des
Ahasver* Mund ist schweigsam, und seine blutleeren Lippen bleiben geschlossen. Was zwischen uns vorging,
zwischen dem Juden und seinem Peiniger, und wie sich

die Rollen nach dem Gesetz der Gerechtigkeit vertauschen
mußten, wie ich der Peiniger und er das Opfer wurde,
das wisse außer uns zweien Gott allein, der dies alles
zuließ. Wir müssen Abschied voneinander nehmen, Kommissar.‟

Der Riese stand auf.

„Was wird nun?‟ flüsterte Bärlach.

„Nichts wird‟, antwortete der Jude, packte den Alten
bei den Schultern und riß ihn gegen sich, so daß ihre Gesichter nah beieinander waren, Auge in Auge getaucht.
„Nichts wird, nichts‟, flüsterte der Riese noch einmal.
„Keiner weiß, außer dir und Hungertobel, daß ich hier
war; unhörbar glitt ich, ein Schatten, durch die Korridore,
zu Emmenberger, zu dir, keiner weiß, daß es mich gibt,
nur die armen Teufel, die ich rette, eine Handvoll Juden,
eine Handvoll Christen. Lassen wir die Welt Emmenberger begraben und lassen wir den Zeitungen die ehrenden
Nekrologe, mit denen sie dieses Toten gedenken werden.
Die Nazis haben Stutthof gewollt, die Millionäre diesen
Spittel,* andere werden anderes wollen. Wir können als
einzelne die Welt nicht retten, das wäre eine ebenso hoffnungslose Arbeit wie die des armen Sisyphos;* sie ist nicht
in unsere Hand gelegt, auch nicht in die Hand eines
Mächtigen oder eines Volkes oder in die des Teufels, der
doch am mächtigsten ist, sondern in Gottes Hand, der
seine Entscheide allein fällt. Wir können nur im einzelnen
helfen, nicht im gesamten, die Begrenzung des armen
Juden Gulliver, die Begrenzung aller Menschen. So sollen
wir die Welt nicht zu retten suchen, sondern zu bestehen,*
das einzige wahrhafte Abenteuer, das uns in dieser späten
Zeit noch bleibt.‟ Und sorgfältig, wie ein Vater ein Kind,
legte der Riese den Alten in sein Bett zurück.

„Komm, mein Äffchen‟, rief er und pfiff. Mit einem
einzigen gewaltigen Sprung, winselnd und lallend,*

schnellte der Zwerg hervor und auf des Juden linke Schulter.

„So ist's recht, mein Mörderchen", lobte ihn der Riese. „Wir zwei bleiben zusammen. Sind wir doch beide aus der menschlichen Gesellschaft gestoßen, du von Natur und ich, weil ich zu den Toten gehöre. Leb wohl, Kommissar, es geht auf eine nächtliche Reise in die große russische Ebene, es gilt, einen neuen düsteren Abstieg in die Katakomben dieser Welt zu wagen, in die verlorenen Höhlen jener, die von den Mächtigen verfolgt werden."

Noch einmal winkte der Jude dem Alten zu, dann griff er mit beiden Händen hinein ins Gitter, bog die Eisenstäbe auseinander und schwang sich zum Fenster hinaus.

„Leb wohl, Kommissar", lachte er noch einmal mit seiner seltsam singenden Stimme, und nur seine Schultern und der mächtige nackte Schädel waren zu sehen, und an seiner linken Wange das greisenhafte Antlitz des Zwerges, während der fast gerundete Mond auf der andern Seite des gewaltigen Kopfs erschien, so daß es war, als trüge jetzt der Jude die ganze Welt auf den Schultern, die Erde und die Menschheit. „Leb wohl, mein Ritter ohne Furcht und Tadel, mein Bärlach", sagte er, „Gulliver zieht weiter zu den Riesen und zu den Zwergen, in andere Länder, in andere Welten, immerfort, immerzu. Leb wohl, Kommissar, leb wohl", und mit dem letzten „Leb wohl" war er verschwunden.

Der Alte schloß die Augen. Der Friede, der über ihn kam, tat ihm wohl; um so mehr, da er nun wußte, daß in der leise sich öffnenden Türe Hungertobel stand, ihn nach Bern zurückzubringen.

NOTES

The numbers refer to pages

7. Salem: A private nursing home in Bern.

Herzattacke (*f.*): 'heart attack.' This word, formed on the model of the English term, is coming to supersede the earlier word *Schlaganfall*.

Eingriff (*m.*): An alternative to the term *Operation* in the surgical sense.

hoffnungslose Krankheit: Cancer, as appears from p. 65.

Es stand schlimm um . . .: 'He was in a bad way, dangerously ill.' Contrast "Es steht gut mit dir," p. 28, and "wie es um den Kommissär stand," p. 38.

Kommissär (*m.*): The head of a section of the police organisation in the city of Bern. Bärlach is the head of the *Kriminal-Kommissariat*. There are three other sections, each headed by a *Kommissär*. The approximate English equivalent is a 'Superintendent' in a local police force.

Untersuchungsrichter (*m.*): There is no precise English equivalent. He is not a judge (*Richter*), but a senior official of the department of justice in charge of a criminal investigation, similar to the French *juge d'instruction*. Though he is Bärlach's official superior (*Chef*), he is not a member of the police force.

sich . . . abgefunden: *sich abfinden mit* = 'to resign oneself to.'

Feiertage (*m.pl.*): The days of festival in the liturgical year, or the 'public holidays' (i.e., 24, 25, 26 December), *not* 'school holidays' (*Ferien*).

Tiere: 'beasts, brutes.'

Visite (*f.*): '(doctor's) round.'

Zeitschrift (*f.*): 'magazine,' also 'learned journal' (e.g., *The Lancet*, pp. 35, 36).

Stutthof: There is a place of this name just to the east of Danzig. There was in fact a concentration camp (*Konzentrationslager*) there, from 1941 onwards, but not an extermination camp (*Vernichtungslager*, p. 59).

wie er die Zeitschrift schon weglegen wollte: 'as he was about to put the magazine down.' Cf. Stopp, *Manual of Modern German*, § 478 f.

28. **nervös** : *Not* 'nervous' but 'jumpy, nervy.'

   Tabelle (*f.*) : 'table, graph,' as on p. 55; here 'temperature and pulse chart.'

   Noch ein Jahr? : In *Der Richter und sein Henker* Bärlach is given one more year to live after his operation.

   zur Untersuchung kommen : 'come to be medically examined.'

   Schwester (*f.*) : 'nurse' (= *Krankenschwester*); 'sister' = *Oberschwester*; 'probationer' = *Lehrschwester*.

   götzenhaft : 'like an idol, graven image'; cp. p. 77.

29. **Nasen- und Mundschutz** (*m.*) : '(surgeon's) mask.'

   Lindenblütentee (*m.*) : 'lime(-blossom) tea,' an infusion of lime-tree blossoms, thirst-quenching and sedative, very popular in Switzerland, Germany and France.

   Nicht der Rede wert : 'Not worth mentioning.'

30. **Bestie** (*f.*) : 'beast,' almost always in a metaphorical sense.

   Es tue nicht gut : 'It was a bad idea.'

31. **möchte niemandem Böses getan haben** : Cf. "ich will ja nichts gesagt haben," p. 41. The force of the perfect infinitive is : I do not want it to be laid to my charge that . . .

   Klinik (*f.*) : *Not* a 'clinic' but a 'private nursing home'; cf. "Klinik Sonnenstein," p. 32.

   ein gefährlicher Kehrreim : *Der Kehrreim* = 'refrain.' He means that it is a dangerous thing to have 'on the brain.' During the war many Nazis were active in Argentina and Chile.

   Man soll sich nicht damit einlassen : 'One should have no truck with it.'

   ich bringe den Verdacht nicht los : 'I can't get rid of the suspicion.'

   Stellvertreter (*m.*) : Here 'locum, deputy.'

32. **ich habe Emmenberger selbst operiert** : *Operieren* takes the direct object in the accusative where English requires 'operate on.'

   Zürichberg (*m.*) : The city of Zürich lies on the lake of Zürich in the valley between the Zürichberg on the east and the Üetliberg on the west.

   Zweiunddreißig . . . Fünfundvierzig : *Not* 'at the age of thirty-two etc.' *but* 'in 1932 . . . 1945.' The dates are significant : 1932 was one year before the Nazis came to power, 1945 the year of the end of the Second World War in Europe.

   Nur für Schwerreiche : 'Only for the very rich' (colloquial).

Ist er ein guter Wissenschafter?: 'Is he a good scholar, professionally sound?'; cf. three lines lower the parallel form *Wissenschaftler*, which is rather more usual.

noch herzlich wenig: 'precious little as yet.'

tummelt sich allerlei herum: 'all sorts of people cut their capers, disport themselves.'

Erbonkel (*m.*): Usually 'rich uncle, from whom one hopes to inherit (*erben*) something.' The point here is that the boot is on the other foot: Emmenberger is the 'uncle' who inherits from his patients. The published English translation ingeniously conveys half (but only half) the jest by rendering *Erbonkel* as 'heir apparent.'

hielt plötzlich mit Reden inne: 'suddenly stopped speaking.'

Übername, Spitzname (*m.*): 'nickname.'

Wozu diesen Spitznamen?: = *Wozu gebt ihr ihm diesen Spitznamen?*

Das ist euch Ärzten also aufgefallen!: 'So you doctors have noticed it, have you?'

Nur wenn wir sie vor unserem Gewissen auch zugeben . . .: 'Only when we admit them to our consciences . . .'

Morgenessen (*n.*): 'breakfast,' a Swiss term; the usual word elsewhere is *das Frühstück*.

Stadtanzeiger (*m.*): Most large Swiss towns have a local paper consisting almost entirely of advertisements; this is the name of the Bernese one.

vor sich hindösen: 'to doze'; *vor sich hin* has the sense of doing something by oneself for no particular reason—for example, in Goethe's *Gefunden*:

> Ich ging im Walde
> So für mich hin,
> Und nichts zu suchen,
> Das war mein Sinn.

—where *für* is archaic usage for *vor*.

Er wittere Morgenluft: *Hamlet*, Act I, scene v; the ghost says: "But soft! methinks I scent the morning air," which the Schlegel and Tieck translation renders: "Doch still! mich dünkt, ich wittre Morgenluft." The phrase recurs in Bürger's ballad *Lenore*, stanza 28. It is often quoted in German in contexts which suggest that something favourable is to be expected, whereas the ghost in *Hamlet* means that he has to return to the shades.

undurchsichtig: Here 'mysteriously.'

dienstlich : 'on duty.' Hungertobel means that this is a personal visit, not a professional one.

Zeitung (*f.*) **:** 'newspaper,' in the *sense* of a daily or weekly paper, not usually used of professional journals, for which the normal word is *Zeitschrift* (which Hungertobel uses a few lines further down).

die Schweizerische medizinische Wochenschrift : The Swiss equivalent of *The Lancet* or *The B.M.A. Journal.*

Anzeiger (*m.*) **:** See note to p. 34 on *Stadtanzeiger.*

Lektüre (*f.*) **:** 'reading matter.'

Eben : 'That's just it.'

Briefmarkenangebote (*n.pl.*) **:** '(Offers of) stamps for sale.'

um uns Ärzte . . . einen Bogen machst : 'give us doctors a wide berth.'

Modearzt (*m.*) **:** 'fashionable doctor.'

innere Sekretion (*f.*) **:** 'internal secretion.'

36. **schrieb eine ebenso witzige wie glänzende Feder :** 'wrote brilliantly and amusingly.'

    Wissenschaftler (*m.*) **:** Parallel form to *Wissenschafter*, p. 32, on the whole more common. See also p. 135.

    Wendung ins Modische : 'turn towards fashionable medicine.'

    Schulmedizin hin oder her : 'whatever one may think of orthodox medicine.'

    ordentliche Arztvisite (*f.*) **:** 'normal doctor's round'; Hungertobel's earlier visit had been in his private capacity.

37. **dem Freund gehe es um die Medizin :** 'that it was medicine his friend was interested in.'

    Und? : 'Well?' ('So what?' gives the sense, but Hungertobel would not have said it.)

    Was denn dabei sei : 'What of it?'

    ahnungslos : 'not realising the situation'; cp. notes to pp. 139, 142.

    fassungslos : 'outraged' here and also p. 65.

    Antlitz (*n.*) **:** 'face'; a literary word, used here for variation instead of the more usual term *das Gesicht.*

    der es . . . nie leicht genommen hatte : 'who had never taken the easy line.'

    Little-Rose of Sumatra : A (fictitious) brand of cigar. Many expensive brands of Swiss cigars have English names. *Sumatra* has the accent on the *first* syllable in German.

    in Brand stecken : 'to light.'

38. **das Schlimmste befürchten :** 'to be prepared for the worst.'

das eigentliche Thema seines Besuches : 'the real subject of his call.'

liegen : 'stay in bed.'

mußte ... mit der Sprache heraus : 'had to say it.'

wir kommen nicht mehr darum herum : 'we can't get round it.'

verzog nicht einmal das Gesicht : 'didn't [even] move a muscle, bat an eyelid.'

sich schonen : 'look after yourself, take it easy,' literally 'spare yourself.'

die moderne wissenschaftliche Kriminalistik (*f.*) : 'modern scientific criminology,' which Lutz represents and which Bärlach makes fun of in *Der Richter und sein Henker*. He takes up Lutz's remark that he must spare himself and turns it to mean that 'modern methods' will be spared his criticism.

etikettiertes Konfitürenglas : 'labelled jam-jar'; *das Glas* is the normal term for a 'glass jar,' and German grocers list jam or honey *mit* or *ohne Glas* according to whether the price includes the jar or not; *die Etikette* = 'label.'

Wer nachrücke : 'Who would take over, be promoted?'

9. **hat Ihre Stellvertretung schon übernommen :** 'is already deputising for you.'

sei er Kommissär gewesen : 'he would have done with being Superintendent'; a similar construction to 'he's had it.'

türkisch : It is explained in *Der Richter und sein Henker* that Bärlach had spent some years in the Turkish Police (and in the German Police) before returning to Switzerland.

nicht mehr das Wahre : 'no longer such a good thing as it used to be.'

Hagia Sophia (*f.*) : A famous mosque in Istanbul. There is a slip here : the Mahommedan sabbath is Friday, not Sunday.

Phantasie (*f.*) : 'imagination.'

gerissen : 'shrewd, "warm".'

daran : = *im Begriff.*

Schnüffelei (*f.*) : 'spying,' 'indiscreet investigation,' 'snooping.'

das Wild, das rentiere : 'the game that is worthwhile.'

0. **peinlich :** *Not* 'painful' *but* 'embarrassing.'

bösartige Ansichten (*f.pl.*) : 'vicious opinions.'

eine Sitzung mit der Armendirektion : 'a meeting with [the representatives of] the Assistance Board.'

Finanzdepartement (*n.*) : 'treasury, finance department' of the city or cantonal government.

das Schlimmste befürchten : This takes up Lutz's remark on p. 38 in which *das Schlimmste* would have been Bärlach's death; here Lutz is obviously afraid that Bärlach is going to make some even more devastating remark. Bärlach has already shocked Lutz by the suggestion that there is something wrong with a state of affairs in which the Assistance Board is more concerned with previous convictions than with financing assistance to those who need it. This is in line with his remark on p. 39 that "die bürgerliche Weltordnung nicht mehr das Wahre sei."

kriminalistische Kombinationen (*f.pl.*) : 'criminological deductions or conjectures.'

SS : On this vast organisation, responsible among other things for the Secret Police and concentration camps in Nazi Germany, see Gerald Reitlinger, *The SS: Alibi of a Nation 1922–1945*, London (Heinemann), 1956. It was declared a criminal organisation (*Verbrecherorganisation*) by the First Nuremberg Tribunal in September 1946.

den internationalen Dienst : Bärlach means Interpol, the International Criminal Police Organisation (*Internationale kriminalpolizeiliche Kommission*), founded in 1923, refounded in 1946 with head office in Paris, which deals with all crimes which overstep national frontiers— e.g., drug-smuggling, forgery of banknotes, etc., and with criminals who operate in more than one country.

Spleen (*m.*) : 'strange idea' (pronounce as in English).

werden Sie gesund : 'get better soon.'

41. **Blatter :** The name of the policeman who was Bärlach's driver in *Der Richter und sein Henker*. Note that Bärlach uses the familiar second person singular to him but that he uses the respectful second person plural to Bärlach.

eine anderes Lied singen : 'will play a different tune, set about things very differently' (or turn with 'a new broom').

ich will ja nichts gesagt haben : 'I ain't said nothing.' He goes on to suggest, without actually saying anything, that he does not like Röthlisberger but would be prepared to put up with him if only Bärlach gets well soon. Cp. similar construction on p. 31.

Matte (*f.*) : The Latin quarter of Bern, between the bottom of the hill on which the Cathedral stands and the river Aare.

‚Gullivers Reisen' : *Gulliver's Travels* by Jonathan Swift. Blatter only knows it as a children's book, and Bärlach takes him up with "ich liebe eben Märchen!" though Blatter realises that there is something sinister (*unheimlich*) about this remark.

42. **„bei sich" zu haben :** 'to have him to himself'; *bei sich* properly

means 'at home'; Hungertobel has not got Bärlach 'at home' in his own house, but under his personal care in hospital, hence the inverted commas.

meldete sich : 'answered'—i.e., he took the receiver off and 'gave his name' (= *meldete sich*), the normal Swiss procedure, which is more practical than just saying 'Hullo.'

das Material : Here 'the documents.'

Die Schwester wird wohl nicht gerade kommen : 'Let's hope the nurse won't come just now' (because smoking is not allowed in the hospital and the nurse would be shocked).

war es ihr nicht recht : 'she did not like it.'

Ich habe mich . . . auf dich berufen : 'I invoked your authority, sheltered behind you.'

das sehe dir ähnlich : 'that was just like you, just the sort of thing you would do.'

43. **offen gestanden :** 'frankly'; cp. *offen gesagt*, p. 48.

44. **Mediziner** (*m.pl.*) **:** Here 'medical students.'

Kiental (*n.*) **:** A valley in the Bernese Oberland.

Blümlisalpmassiv (*n.*) **:** The Blümlisalp is a high mountain group (*Massiv*) with several peaks between 12,040 and 10,700 ft in height; it lies between the Kiental and the Kandertal. It is usually ascended from Kandersteg.

Alp (*f.*) **:** 'alpine meadow.'

schrecke . . . auf : 'wake up with a start.'

Schinderhütte (*f.*) **:** A hut in which corpses are flayed (*schinden* = to flay); it has come to be used of places where people are tortured. A notable depiction of a *Schinderhütte* in both senses is that by Ernst Jünger in his symbolic novel *Auf den Marmorklippen* (1939).

45. **wie gehetzt :** 'as though something was after us.'

vorspringend : 'jutting out'; cp. *Mauervorsprung*, p. 51.

46. **feuchte Umschläge** (*m.pl.*) **:** 'cold compresses, fomentations.

wir waren ratlos : 'we didn't know what to do.'

Coniotomie (*f.*) **:** 'tracheotomy,' an operation designed to enable patients with neck injuries to breathe by making an opening in the windpipe (the trachea) below the injury.

47. **Einbildung** (*f.*) **:** 'imagination'; what is the difference between this and *Phantasie*, p. 39?

diesem : i.e., Emmenberger.

seltsame Traktate (*n.pl.*) **:** 'strange, cranky, tracts.'

48. **unzuverlässiger Patron** (*m.*) **:** 'unreliable fellow.'

sich seinem Witz niemand gewachsen zeigte: 'no one could stand up to his wit.'

offen gesagt: 'frankly'; cp. *offen gestanden*, p. 43.

49. **du**: It is at once apparent by the use of the second person singular that Bärlach knows Gulliver well. The name Gulliver evidently not only refers to him as a traveller but also conjures up the world of giants and dwarfs.

Kaftan (*m.*): 'kaftan,' a distinctive long coat with a girdle worn by Eastern Jews, now little used. It is only a 'national costume' (p. 51) in a symbolic sense.

der Eingedrungene: *eindringen* = 'to force one's way in, make a forcible or illegal entry.'

mächtig: Carries the senses of (1) 'powerful, mighty'; (2) 'large, impressive.' The second sense is to the fore here and in what follows, but the first is also present with it (e.g., *das mächtige Gespenst*, p. 50).

umständlich: Here = 'complicated, involved.'

überängstlich: *ängstlich* here, and often in other contexts too, has the sense of '(over)conscientious, (over)meticulous,' which Dürrenmatt increases still more by the compound *überängstlich*. The whole chapter makes it clear that there is *no* suggestion that Gulliver is anxious or afraid. The sentence "Wie konntest du wissen, daß ich in Bern anwesend zu sein nötig habe?" is an example of over-conscientious construction which has a papery flavour; more normal would be *daß ich nötig habe, in Bern zu sein*, or *daß ich gerade in Bern sein mußte*. Similarly, *so bin ich gekommen* is incorrect for *also bin ich . . .*

50. **Anzeiger** (*m.*): See note to p. 34 on *Stadtanzeiger*.

Kommissar (*m.*): See note to p. 51.

Schnaps (*m.*): 'spirits, hard liquor'; cp. *Kartoffelschnaps*, p. 153.

große Augen machen würde: 'would be very astonished.'

Ein schöner Kranker: 'A fine patient' (ironical). Note that *Kranker* is an adjective used as a noun; *der Kranke, die Kranken, ein Kranker, eine Kranke*, etc.

einen Spektakel veranstalten: 'to make a fuss.'

der Wodka: 'vodka.' The gender follows that of the nearest German concept, *Schnaps*, and is therefore masculine, though foreign words ending in -*a* are usually feminine, and водка is feminine in Russian. Similarly *Life* magazine is neuter (p. 27 ff) by attraction to *das Leben*. See Stopp, *Manual of Modern German*, § 441.

Der ist aber gut: *aber* here has *not* the force of 'but,' but is used as a particle reinforcing the word which follows it; English gets the effect of emphasis by stressing the verb: 'It *is* good'; *ich war aber* *geschmeichelt,* 'I *was* flattered.' See *Harrap's Standard German and English Dictionary* under *aber,* 3 (*a*).

1. **Sowjeter :** 'Soviet Russian,' a slangy term.

Kommissar (*m.*) : 'commissar,' a Soviet functionary. Bärlach finally points out the slip ('we don't have commissars in Bern') but Gulliver continues to call him *Kommissar,* underlining his contempt for any sort of functionary by affecting to see no difference between them. He is not interested in offices and functions but in human beings.

etwas Gesetzwidriges : 'something against the law.'

Mauervorsprung (*m.*) : 'jutting-out wall'; cp. *vorspringend,* p. 45.

hinter Schloß (*n.*) **und Riegel** (*m.*) : 'behind bars.'

mir . . . hoch angerechnet : Literally 'counted to me [for credit],' here 'which would have brought me a great reputation all over Europe.'

2. **Ich habe . . . nicht viel übrig für dergleichen :** 'I don't much care for that sort of thing.'

in Gottes Namen : *Not* 'in God's name, for God's sake' *but* 'after all'; but contrast p. 76.

Kalkgrube (*f.*) : 'quick-lime pit' —i.e., a mass-grave.

Flieder (*m.*) : Usually 'lilac' but often 'elder' as here (lilac does not usually grow wild).

Kommando (*n.*) : Here 'squad,' 'fatigue party.' The primary meaning is 'word of command, order,' then 'body of men ordered or detailed to do a definite task.'

geschändet : 'shamefully mishandled.'

Stück (*n.*) **Viehs :** 'head of cattle.'

arisch : 'non-Jewish,' a Nazi term.

Reichspost (*f.*) : The official postal service of the German *Reich* (until 1945 in Western Germany, where the official designation is now *Bundespost*; the German Democratic Republic still uses the term *Reichspost*). The implied contrast here is with *Feldpost* = 'field post, Armed Forces Mail.'

3. **Prosit :** 'Your health' (subjunctive of Latin *prodesse*; 'may it do you good'), often shortened to *Prost.*

solid : 'reliable.' It is more often used with reference to character, meaning 'steady, morally sound.' It practically never has the sense of English 'solid.' 'Solid' as opposed to 'liquid' = *fest*; as opposed to 'hollow' = *massiv.* See also p. 57.

Dante : In the *Inferno* Dante conceived of Hell as nine concentric circles. There is a further reference to the *Inferno* on p. 115.

54. **weiß einen Dreck mehr**: 'knows damn all more than the police,' 'like hell Gulliver knows more than the police.'
Was frägst du: *Not* 'what do you want to know' *but* 'why do you ask.' *Was* in the sense of 'why' is stiff and literary (cp. "Mein Sohn, was birgst du so bang dein Gesicht?" in Goethe's *Erlkönig*) as is also the conjugation of *fragen* as a strong verb (*ich frage, du frägst, er frägt, ich frug*, but *gefragt* (see Stopp, *Manual of Modern German*, § 553), though both are not uncommon in Swiss German (see also p. 155). Gulliver, however, is not a Swiss, and these turns of phrase are part of his overconscientious manner of speaking (see note to p. 49 on *überängstlich*).
ausgefallen: 'extraordinary.'
wie weit er sich dem Juden . . . eröffnen sollte: 'to what extent he could take the Jew into his confidence'; literally 'how far he could open [his mind] to the Jew.'
hängt . . . seinen Gedanken nach: *nachhängen* + dative: 'to give oneself over' to something.
es nimmt mich wunder: 'I wonder.'
perfid: 'treacherous, unreliable'; the form of the argument is perfectly valid, but the initial premiss is disputable (are all men alike?).
peinlich: Usually 'embarrassing,' here 'unfortunate.'
55. **Nürnberg**: Dürrenmatt seems to mean the card index of members of all formations of the Nazi party now kept under American control in Berlin.
SS-Führerhauptquartier (*n.*): An evident slip for *SS-Führungshauptamt*, the High Command Office of the SS organisation; Dürrenmatt has confused it with the *Führerhauptquartier*, Hitler's War Headquarters.
Tabellen über den Stand des Personals (*n.*): 'personnel tables.'
Es haftet . . . an + *dative*: 'This figure has, possesses . . .'
ausgekochtesten Atheisten (*m.pl.*): 'the most hardened atheists'; but cp. p. 102.
aufknüpfen: Here 'string up.'
56. **Badedoktor** (*m.*): 'doctor in a watering-place.' Since Dürrenmatt wrote this book the German press has reported many cases of people with black records in concentration camps who have withdrawn into civilian life in just this way. The Auschwitz trial which began in Frankfurt am Main in December 1963 brought a number to light. See for instance *Schweizer Illustrierte* for 16th December 1963, p. 29 ff.
kostspieliges Sanatorium: Dramatic irony, as it turns out that this is just what has happened.

aus eigenen Gesetzen: 'by his own laws'; see *Harrap's Standard German and English Dictionary*, under *aus*, I. 5.

nach eigener Willkür: 'according to his own free will.' *Willkür* has the additional sense of 'arbitrariness,' which is present here too.

richtete, freisprach, verdammte: 'judged, acquitted and condemned.'

Strafvollzug (*m.*)**:** 'execution of sentence'; here 'the course of justice.'

Vaterländer (*n.pl.*)**:** *Vaterland* is practically never used in the plural in the normal way, and the plural use here gives an ironical twist.

7. **solid:** Here 'properly conducted'; see also p. 53.

Sündenfall (*m.*)**:** The 'fall [from grace],' usually used of Adam's fall, Genesis iii.

Ahasver: Ahasuerus is the traditional name of the Wandering Jew (*der ewige Jude*). According to the legend, Pilate's doorkeeper struck Jesus, with the words, "Get moving, what are you waiting for?" to which Jesus replied, "I am going, and you will wait until I return," since when the man wanders restlessly over the face of the earth, condemned to live until the Second Coming.

Dezember vierundvierzig: Dürrenmatt is a year out in his calculation; as appears from the notes below on *Stalingrad* and *Afrika*, he means 1943.

versponnen: 'enclosed (as in a cocoon).'

8. **Stalingrad:** The German Army entered Stalingrad on the Volga in the autumn of 1942, but were promptly surrounded by the Russians and forced to surrender in February 1943. The then political commissar N. S. Krushchev distinguished himself in the defence of the city. The German disaster at Stalingrad was felt by many at the time to be a turning point, an indication that the Germans could not win the war. The actions at Stalingrad form the subject of a novel by Theodor Plivier, *Stalingrad* (Berlin, 1945).

Afrika: The battle of El Alamein, the turning point of the war in North Africa, was in October 1942, and Anglo-American landings in Algeria began in November of the same year. The two forces met in April 1943, having driven the Germans and Italians out of North Africa.

Talmudist (*m.*)**:** Scholar learned in the Talmud, the canonical collection of Jewish religious and legal writings.

Ungeheuer (*n.*)**:** Usually 'monster,' as on p. 123; here 'huge creature.'

9. **geschändet:** Cp. p. 52.

Danzig : After the First World War Danzig was established as a free city, independent of both Germany and Poland. The ostensible cause of the outbreak of the Second World War was the conflict between Germany and Poland over the declared German intention to annex Danzig.

der zuliebe : 'for the sake of which.'

dort ging es dann radikal zu : 'there was then no end to the atrocities there.'

60. **übermütig :** 'high-spirited'; the word also bears the sense of 'arrogant,' which is present here too.

hetzte Hunde auf Juda (*n.*) : 'set the dogs on the Jews.' *Juda* is a Nazi term, a collective for 'Jewry,' 'Jews in general.' People used to chalk up *Juda verrecke!* 'Down with the Jews!' on walls and hoardings.

sittliche Weltordnung (*f.*) : 'moral world order.'

Geschwüre (*n.pl.*) : *das Geschwür* = 'abscess, ulcer, malignant growth.' Its use here as a collective for camp doctors is a nonce-usage, which suddenly reveals the full horror of the place.

Karbolsäure (*f.*) : 'carbolic acid'—the same thing as phenol.

der dicke Reichsmarschall : Marshal Hermann Goering, who in his capacity as *Reichsjägermeister* was responsible for wild life and its preservation in Germany, and who could therefore have forbidden the use of animals for vivisection. This would 'force' scientists to use human beings for this purpose. Gulliver does not say that Goering in fact forbade it, but only that people said so (*versicherten*).

zeichnete sich . . . aus : 'distinguished himself.'

Metier (*n.*) : 'profession, trade'; pronounce as French *métier*.

61. **Christ** (*m.*) : *Not* 'Christ' but 'Christian.' From now onwards Gulliver frequently addresses Bärlach as *Christ*, thus emphasising his own Jewishness.

Tatzen (*f.pl.*) : 'paws' (only used of animals with dangerous claws—e.g., bears, lions, cats, etc.).

Korinther dreizehn : I Corinthians xiii, 13 : "And now abideth faith, hope, charity, these three; but the greatest of these is charity." Gulliver's point is that hope, though not the greatest, is the toughest.

mit roten Malen (*n.pl.*) : *das Mal*, plural usually *Male* : 'mark, scar'; *Muttermal* = 'mole,' 'birth-mark.'

krepieren : 'to die'; a coarse word, corresponding to our 'croak, peg out,' but also, as here, with the sense of 'dying miserably.' See also p. 92.

62. **Auschwitz, Lublin-Maidanek, Natzweiler :** All names of concen-

tration or extermination camps: Auschwitz and Lublin-Maidanek were in Poland, Natzweiler was in Alsace.

Buchenwald, Dachau : These were 'ordinary' concentration camps, unpleasant enough but not extermination camps. In the later years Buchenwald was less inhumanely run than some of the others.

ein Tausendstel (*n.*) **Promille :** 'one thousandth per thousand'— i.e., one millionth. Note that in Swiss usage *Tausendstel* is masculine (cf. p. 81).

Schragen (*m.*) **:** 'bench, trestle, butcher's chopping board.' See also p. 151. As with *Schinderbrett*, Gulliver is referring to an operating table.

famos : *Not* 'famous' *but* 'excellent, first-rate.' Contrast p. 114.

3. **Magenresektion** (*f.*) **:** 'stomach resection' (removal of a segment of the stomach).

Eisleben : A town just west of Erfurt, on the last leg of the way from Danzig to Buchenwald (near Weimar).

Staatsstraße (*f.*) **:** 'royal road.'

4. **war darauf aus :** 'was intent upon.'

Spuk (*m.*) **:** Here 'unreality.'

Aussatz (*m.*) **:** 'leprosy.' The sentence indicates that the whole institution of concentration camps and torture is grounded in human nature itself, and that it is absurd to maintain that 'it can't happen here.' Cp. Dr Marlok's remark on p. 115: "Der Mensch selbst wünscht seine Hölle herbei."

fakultativ : 'without security of tenure.'

sich erschossen : Though Gulliver knows a lot, he does not know the truth about Nehle's death, or the true relation between Nehle and Emmenberger.

5. **bestehen :** 'to hold one's own, stand fast'; contrast the use (with direct object) on p. 76.

Berner Marsch (*m.*) **:** A sixteenth-century Bernese patriotic march for drums and fifes, still popular. According to the legend, the enemy used to flee when the Bernese marched into battle playing it. The text, which Bärlach evidently sang, is later (nineteenth century), and contains the words "Fest und treu in Not und Gefahren," which are applicable to his situation and frame of mind.

sich hinters Lesen machen : 'get down to reading it.' Cp. *sich hinter ihr Métier machen*, p. 70, and *soll man . . . hinters Fegen und Scheuern*, p. 82.

6. **hinter . . . gekommen :** 'got wind of.'

Dem Ganzen war nicht zu trauen : 'The whole thing looked suspicious.'

Dessert (*n.*) : 'dessert'; pronounce as in French.

Akten (*f.pl.*) : 'documents' (*sing.*: die *Akte*).

das Gescheiteste, was zu tun war : 'the best thing to do'; *gescheit* = 'clever, intelligent.'

scheinbar : 'apparently' (not in reality).

Bombenrausch (*m.*) : *einen Rausch haben* = 'to be drunk.' *Bomben-* is an intensive prefix, as in *Bombenerfolg* (*m.*), 'great success.' 'I and all the nurses would have sworn that you were as drunk as a lord.'

67. **Ei!** : 'Fancy that!'

du müßtest denn . . . haben : 'unless you swallowed the bottle'; an archaic construction still common in Swiss speech; it is similar to *es sei denn, daß*, for which see Stopp, *Manual of Modern German*, § 426 (*d*) 2, who does not, however, deal with this variant.

ein heimlicher Süffel : 'a secret drinker.

69. **Nur flüchtig** : 'Only for a moment.'

Das ist nun einmal so : 'That is just the way things are.'

70. **bevor sie sich hinter ihr Metier machen** : 'before they get down to their trade.' Cp. *sich hinters Lesen machen*, p. 65, and *soll man . . . hinters Fegen und Scheuern*, p. 82.

gegen Emmenberger liegt nichts vor : *Either* 'there is no evidence against Emmenberger' *or* 'Emmenberger has no police record.'

71. **sich . . . gleichen** : 'resemble one another.'

Künstlerpech (*n.*) : *das Pech* = 'bad luck'; Hungertobel thinks of himself as an artist with the scalpel.

72. **Sache** (*f.*) : Here medical slang for 'infection.'

handbreite Brandnarbe (*f.*) : 'scald-mark the size of your hand.'

Ascona : A famous holiday and bathing resort in the Swiss canton of Ticino, on Lago Maggiore. Hungertobel has evidently seen Emmenberger in a bathing-dress on the beach, when the scar would be visible.

73. **Kapsel** (*f.*) : 'capsule.' Many leading Nazis kept capsules of prussic acid concealed about their persons and bit them in order to escape justice or capture. Marshal Goering committed suicide in this way after being sentenced to hang by the International Military Tribunal at Nuremberg in October 1946, as did Heinrich Himmler, Head of the SS and Gestapo (Secret Police), on being captured by British soldiers in 1945.

Bei nüchternem Magen (*m.*) : 'On an empty stomach'; *nüchtern* also means 'sober' (as opposed to 'drunk').

Dies wirke auf der Stelle: 'This takes effect immediately.'

Das ist doch übertrieben: 'That's going too far.'

Studienerlebnis (*n.*): Here: 'your experience as a student.'

Borsigwerke (*n.pl.*): A large locomotive and machine factory in Berlin, founded in 1837 by August Borsig.

rückte vierzehn ein: 'was called up in 1914.'

Eisernes Kreuz (*n.*): 'Iron Cross,' a German war decoration.

Maturität (*f.*): 'school leaving certificate.' This is the Swiss (and Austrian) term; in Germany the examination is called *das Abitur*.

Arzt studieren: 'study to be a doctor'; a semi-educated slang turn of phrase, but one which Nehle might be expected to use. Cp. Stopp, *Manual of Modern German*, § 300 (*c*).

fiel . . . durch: 'failed.'

die alten Sprachen: 'classical languages' (Latin and Greek).

kam mit dem Gesetz in Konflikt (*m.*): Because he was practising as a physician without being medically qualified.

Buße (*f.*): 'fine.' This is a Swiss term; in German use the word means 'repentance, penance.'

rückfällig wurde: 'relapsed.'

dokterte . . . herum: *herumdoktern* = 'to go around doctoring.'

im Bayrischen, im Hessischen: 'somewhere in Bavaria and Hesse'; *Land* or *Gebiet* is understood (cp. *im Bernischen*, p. 51). The general reference is intended to be vague.

achtunddreißig: *Not* 'thirty-eight years old' *but* 'in 1938.'

das Studium erlassen: 'excused his years of study.'

Staatsexamen (*n.*): 'state examination'; there is no British equivalent. Here 'medical qualifying examination.'

Diese Artikel seien . . .: 'You say these articles are . . .'

Kant: The great philosopher Immanuel Kant (1724–1804), author of *The Critique of Pure Reason* and other works.

Laß mir den Kant in Ruh!: 'Never mind Kant!'; *mir* is an ethic dative.

Gastrolyse (*f.*): 'gastrolysis,' an operation to remove growths in the stomach; the word is compounded of two Greek words, which the writer of the articles evidently takes to be Latin.

in Gottes Namen: Here the phrase carries its literal meaning; contrast p. 52.

das Abenteuer . . . bestehen: 'encounter and overcome'; contrast the use (without an object) on p. 65, and see *Harrap's Standard German and English Dictionary*, under *bestehen*, I. 3, and II.

Das hat doch keinen Sinn: 'It's no use.'

Silvester (*n.*) : 'New Year's Eve,' a day of great festivity in Germany and Switzerland, as in Scotland. It is also Bärlach's last day as a policeman; see note to p. 111.

des weiteren : 'further.'

Kantonalbank (*f.*) : The *Berner Kantonalbank*, a bank under the official aegis of the Canton of Bern; Bärlach evidently had an account there.

Notar (*m.*) : 'lawyer, solicitor'; there is no precise British equivalent.

78. **von dem man nicht wußte, kam er freiwillig . . . oder war er . . . gerufen** : 'nobody knew whether he came of his own free will or whether the Superintendent had sent for him.' For the construction cp. Heine's "Ich weiß nicht, was soll es bedeuten" in *Die Lorelei*.

Trolleybus (*m.*) : 'trolley-bus'; the English word is commonly used in Switzerland, but in Germany the term *der Obus* (for *Oberleitungsomnibus*) is usual.

unmotiviert : 'for no apparent reason.'

mit . . . herumfuchtelte : 'which he . . . waved wildly about.'

ein Schwerkranker : 'a patient on the danger list'; see note to p. 50 on *Kranker*.

79. **He** : A Swiss interjection; the *-e* is short. Here = 'Why!' But contrast p. 126.

der vorsichtigerweise auf den aufgeregten Besucher einging : 'who out of caution humoured his excited visitor'; cp. p. 107 : "Wir gehen auf alle Wünsche ein."

die Anständigkeit des Menschen : 'the (natural) decency of man.' Note the contrast with Bärlach's previous visitor, who has spoken entirely of man's inhumanity to man. Even the word *Lager* (*Verkehrspolizistenlager*) occurs, to underline the contrast.

Lessing : The poet Gotthold Ephraim Lessing (1729–81).

Henzi : Samuel Henzi, the principal figure of a conspiracy to extend the franchise in Canton Bern, was beheaded in 1749. In the same year Lessing, aged twenty, began a drama on this topical subject, but wrote no more than one and a half acts.

Wortsteller (*m.*) : A nonce-formation, on the analogy of *Schriftsteller*; Fortschig means that he, as a writer (*Schriftsteller*), arranges words, not writings (*Schriften*).

Literaturblatt (*n.*) : 'literary supplement.'

,Bund' (*m.*) : An important Bernese daily, founded in 1849; one of the leading Swiss papers.

Schaudervoll : 'Frightful'—a rather affected word in this context; *schauderhaft* would be usual.

30. Sie haben doch was auf der Palette : Literally, 'you have paint on your palette'—i.e., 'you have intelligence, resources.'

,Apfelschuß' (*m.*) : The title of the paper Fortschig edits, referring to the legend of Wilhelm Tell shooting the apple off his son's head.

Trambillette (*n.pl.*) : *Das Billet* (pronounce as in French) or *das Billett* (pronounce bilj′et) : 'ticket,' plural *Billets* or *Billette*, now almost restricted to Switzerland; elsewhere *Fahrkarte* (*f.*) is used. Similarly *das Tram*, 'tram,' is Swiss; in some parts of South Germany *die Tram* is used, elsewhere *die Straßenbahn* or *die Elektrische*.

Bundesräte (*m.pl.*) : See note to p. 83.

Jassen : Jaß (*m.*) is a card game widely played in Switzerland (but not in Germany, where a similar game, *Skat* (*m.*), is general); *jassen* is the verb 'to play *Jaß.*'

Pathos (*n.*) : *Not* 'pathos' *but* 'emotion'; cp. also *pathetisch*, p. 131.

Besuch (*m.*) : Here, as often, *not* 'the visit' *but* 'the visitor'; on p. 77 there can be some doubt about which sense is meant, but not on p. 103.

in der Schweiz . . . von der Schweiz : 'In Switzerland . . . off Switzerland.'

Nun, nun : 'Come, come!'

Habakuke . . . : Assumed names of the sort used by people who write for the newspapers. The plurals in *-e* (see also *Josephe*, p. 39) give a slightly comic effect, as though these names of persons were designations of objects (proper names either take *-s*—cp. *Pestalozzis*, p. 125, and *Don Quijotes*, p. 81—or remain unchanged in the plural; but cp. *Leibundguts*, p. 84 and note). See Stopp, *Manual of Modern German*, § 157.

Spalte (*f.*) : 'column' in a newspaper.

31. Abenteuern . . . bestehen : Here again a key phrase in what has gone before is taken up and placed in a banal light; cp. p. 76.

unter dem Strich : There is no British equivalent for this expression (literally 'below the line'), as English newspapers have a different layout. In Swiss and German newspapers stories, serials, etc., which are not immediately concerned with reported news are printed in the lower half of the page, under a thick line (*der Strich*).

Raunen (*n.*) **der Seele :** 'whisperings of the soul'—a parody of out-of-date romantic phraseology.

eines mittleren Dorfarmen : 'of an average village pauper.'

Spinnbruder (*m.*) : 'mental defective, loony'; *spinnen* is commonly used in Switzerland in the sense of 'to be mad.'

Windmühlen und Schafherden (*f.pl.*) : Don Quixote (in Spanish

Don Quijote), in Cervantes' novel of that name, in his exaltation took a windmill and a herd of sheep to be enemy forces and charged them.

Schlufi (*m.*) : 'loafer'; a Swiss word.

wenn man sich dem Geist verschreibt : 'if one serves the cause of the mind.'

kein Weggli und kein Räppli : A Swiss turn of phrase : *das Weggli und das Räppli haben* = 'to have one's cake and eat it.' *Weggli* (*n.*) is a 'roll' of white bread; *Räppli* (*n.*) is the diminutive of *Rappen* (*m.*), the German Swiss word for a 'centime' (100 centimes = 1 franc), p. 144.

tausendjähriges Reich (*n.*) : The Nazis maintained that the Third Reich would last a thousand years (from 1933).

den Revolver entsicherte . . . : Goering is said to have remarked "Wenn ich das Wort Kultur höre, greife ich nach meinem Revolver"; Fortschig makes him 'release the safety catch' (*entsichern*) of his revolver, in order to follow it up with the jest about the Swiss 'putting locks' (*sichern*) on their purses (*das Portemonnaie*; pronounce as in French; note gender).

es ist nur gut, daß . . . : 'it's just as well that . . .'

82. **Riesensaurier** (*m.pl.*) : 'giant saurians.'

Biester (*n.pl.*) : 'beasts, creatures'; *das Biest* has usually a slightly comic flavour when applied to animals, and even human beings; compare and contrast *Tier*, p. 27, and *Bestie*, p. 30.

Feuerwehrmann (*m.*) : 'fireman'; *die Feuerwehr* = 'fire brigade.'

davon kann ich Ihnen doch ein Lied singen : Here : 'I can give you chapter and verse.'

nicht recht manierlich : 'not very well-mannered.'

soll man denn wohl hinters Fegen und Scheuern : 'one should certainly get down to sweeping and scrubbing.' Cp. *sich hinters Lesen machen*, p. 65, and *sich hinter ihr Metier machen*, p. 70.

Herkules den Stall des Augias ausmistete : The legend of Hercules cleaning the Augean stables has been treated by Dürrenmatt in a radio play (1954) and a stage play (1963), both under the title of *Herkules und der Stall des Augias*. The radio play, spoken by Dürrenmatt himself, is available on LP record 43013 LPMS (Deutsche Grammophon Gesellschaft).

83. **Witzwil** : An open prison near Erlach in Canton Bern. Note the implied contrast of the open prison with the concentration camps which Bärlach has been talking about with Gulliver.

Regierungsrat (*m.*) : 'cantonal cabinet' (or a member of it).

Bundesrat (*m.*) : 'federal cabinet' (or one of the seven members of it).

ins Blaue hinein : 'without prospects.'

sturm : Swiss predicative adjective : 'confused, numb, dizzy.' Here 'you din your cursing and swearing into the ears of our good Bernese'; *es wird mir sturm im Kopf*,' I am quite confused.'

Verdacht . . ., es gehe ihm nur um den Brotkorb : 'the suspicion that all he cares about is where his next meal is coming from.'

Jesaias : The prophet Isaiah. Here too the evocation of the children of Israel makes an implicit contrast to what has gone before.

34. **aß ich nichts Warmes :** 'I haven't had a hot meal.'

Leibundguts : Leibundgut is a common Bernese surname, chosen here because it is automatically comic. The plural in -*s* here indicates 'the Leibundgut family'—cp. *Grollbachs*, 25 lines below; in origin it is a genitive singular : [*des*] *Leibundguts* [*Leute*]. See R. W. Zandvort in *Philologica: The Malone Anniversary Studies*, Baltimore, 1949, p. 298 ff, who calls it "familial -*s*."

Goethes Faust : Goethe's *Faust* is in two parts, the second of which is much more involved than the first. Among the semi-educated with pretensions to culture it is *de rigueur* to prefer Part II, even though one does not understand it.

Beethovens Neunte : Beethoven's Ninth Symphony (the Choral).

35. **Da kommt nicht einmal so ein waschechter Türke dagegen auf :** 'Not even a genuine Turk can compete with them.' A reference to Bärlach's previous service in Turkey (see p. 39).

36. **in Ihrer Sprache :** 'the way you would put it.'

37. **Mißtrauen** (*n.*) **:** which turns out to be justified.

muß ich mir keine grauen Haare wachsen lassen : 'I don't have to worry.'

Ich hätte eine ,Little-Rose' nötig : 'I could do with a "Little Rose".'

91. **die Beine hochgebettet :** 'with his feet up.'

Wagenschwärme : 'swarms of cars.'

Bahnhofstraße : The smart shopping street of Zürich.

Trams (*n.pl.*) **:** See note to p. 80 on *Trambillette*.

Scheiben (*f.pl.*) **:** 'windows'; cp. *Wagenscheibe*, p. 94.

92. **Einhalt** (*m.*) **gebieten :** 'put a stop to.'

verlor er auch diesen Halt (*m.*) **:** 'he lost hold even of that.'

Krepieren : See note to p. 61.

stur : 'obstinately,' here perhaps 'soullessly.'

93. **Schauspielhaus** (*n.*) **:** The Zürich theatre, at which many of Dürrenmatt's plays were first performed.

Vom Anhauch des Nichts gestreift : 'Touched by the breath of nothingness.' This is the nothingness of outer space, which has a bracing effect on Bärlach and prepares him to encounter a different kind of nothingness in the Klinik Sonnenstein—Emmenberger, who has the *Freiheit des Nichts* (cp. *Der Richter und sein Henker*, Harrap, 1962, pp. 11 and 91).

ließ sich treiben : 'let himself drift'; cp. also p. 142.

94. **schien nicht zurückkehren zu wollen :** 'did not look like coming back'; see Stopp, *Manual of Modern German*, § 478 (*f*).

Gitter (*n.*) **:** 'bars, 'grating.' A first passing hint at the nature of the place. Cp. *vergittert*, p. 93 and p. 109.

nach Affenart (*f.*) **:** like a monkey.'

entwürdigt : 'degraded'; see also p. 122.

verschwieg : *verschweigen* : 'to keep something back.'

95. **es wäre soweit :** 'here we are'; cp. Stopp, *Manual of Modern German*, § 268 (*d*) 2.

kostspielig : Takes up the phrase "kostspieliges Sanatorium" on p. 56.

verstellen : *sich verstellen:* 'to pretend.'

vernehmen : 'examine (legally)'; a rather gentler term than *verhören* (p. 100).

Rollwagen (*m.*) **:** 'trolley'; cp. *Rollbett* (*n.*), p. 96.

96. **wird nicht lange halten :** 'won't last long.'

unterbrochen : Here 'interspersed.'

nahm Bärlach : Bärlach is the object here.

Hochdeutsch (*n.*), **Auslandschweizer** (*m.*) **:** The normal means of spoken communication between German Swiss of whatever class is their own dialect. Literary German (as we learn it at school) is only used on solemn or official occasions (e.g., sermons, public speeches), when talking to foreigners, and in writing. Many Swiss citizens born or living abroad (*Auslandschweizer*) do not, however, speak the dialect with ease or fluency and use the literary language (*Hochdeutsch*) instead. All the conversations in this book must be assumed to have been carried on in dialect unless the contrary is stated (as here), except for Bärlach's conversations with Gulliver and with Dr Marlok; they are not Swiss, and he would naturally speak literary German to them.

Bernerin (*f.*) **:** Bärlach could hear by her speech that she was Bernese. The object of this little linguistic test is to enable Bärlach to gain an impression of the staff of the place. If the staff showed themselves by their speech to be obvious Germans, it would have tended to confirm his suspicions that there was a connection between

Sonnenstein and the concentration camp world. As it is, he is encouraged at the thought that he is among people from his own part of the world—"Er war hier wenigstens unter Bernern." This is taken up in a sinister way by Emmenberger's remark on p. 131: "Da wären wir Berner also einmal unter uns."

Biglen: A village in the Emmental, near Konolfingen where Dürrenmatt was born.

Die würde er bearbeiten: 'He would get to work on her.'

7. **„studierte" Frauen:** Placed in quotes because it is a semi-educated term for 'university-educated.' Bern is a conservative place and looks askance at women with degrees. As against this, women were admitted to universities much earlier in Switzerland than in Britain, and the first Englishwoman to obtain a medical degree took it at the University of Bern.

nobel: Here 'grand.'

Grüeßech: A Bernese greeting: = (Gott)grüße euch.

Berndeutsch (n.): 'Bernese dialect.'

Auslandberner (m.): 'Bernese living abroad'; cp. *Auslandschweizer*, p. 96.

Miuchmäuchterli (n): = *Milchmechterli*, 'milk jar.' Bernese dialect (like several kinds of British regional speech) turns *l* before consonants into *u*. Pronounce ('mɨuxmæuxtərlɨ).

hätte . . . gebracht: 'would never have brought it off.' This is another linguistic test. It is clear that Emmenberger is not a German.

8. **aus der Fassung gebracht:** 'shaken him.'

9. **Ihrem Wunsche nachgekommen ist:** 'acted in accordance with your wish.'

Seines Wissens: 'As far as he knew.'

brav: *Not* 'brave' *but* 'worthy, good'; cp. p. 115.

10. **zwischen den Versuchten und den Verschonten:** 'between those who have been tempted and those who have been spared (temptation).'

11. **Tube** (f.): *Not* 'tube' *but* 'vial.'

12. **ausgekochter Psychologe** (m.): Here 'accomplished psychologist'; *ausgekocht* is usually used in unfavourable contexts—e.g., *ein ausgekochter Schurke*, 'an utter rogue' (but see p. 55). Emmenberger means this flavour to be perceptible; his use of the word is ironical.

imponieren: 'to impress,' always with direct object in the dative.

Ohnmacht(f.): Usually 'unconsciousness' as on p. 153 (cp. *in Ohnmacht fallen*, 'to faint'); here, as often, 'powerlessness' (also p. 143).

103. **behoben :** *beheben :* 'to remove (difficulties), rectify (faults), dispel (suspicion).'
    Besuch (*m.*) : 'visitor'; see note to p. 80.
    auf die Finger klopfen : 'keep in order, rap over the knuckles.'

104. **unter Kontrolle** (*f.*) : *Not* 'under control' *but* 'under observation.'
    bei : 'approximately.'

105. **Handgriff** (*m.*) : 'manual adjustment'; it can also mean 'knack' or, in a concrete sense, 'handle.' Contrast p. 137.
    Man ist hier praktisch : 'They are practical here.'
    ansetzen : Here 'start.'
    haben der Herr : Third person plural with singular subject is a now rather exaggeratedly respectful form of address (e.g., *Wünschen gnädige Frau zu speisen?*) used here ironically (also on p. 107 : "Der Herr haben einen guten Geschmack.").

106. **Ich habe noch keine Spritze bekommen :** That is what Bärlach thinks, but he must have had one while under the influence of the sedative pills (p. 103); this would be the *Insulinkur* mentioned by Dr Marlok (p. 111).
    nicht recht geheuer : 'pretty uncanny.'
    wie ein Flügel (*m.*) : 'like the wing [of an altar]' projecting into the room (*in den Raum hinein*).
    Rembrandts Anatomie (*f.*) : A famous picture, *The Anatomy Lesson of Dr Tulp*; the original is in The Hague. See illustration, p. 106.
    scheinbar : See note to p. 66.

107. **faltete die Hände über dem Bauch :** A typically self-satisfied gesture.
    Wir gehen auf alle Wünsche ein : 'We meet all wishes'; cp. p. 79 : ". . . der vorsichtigerweise auf den aufgeregten Besucher einging."
    Biederkeit (*f.*) : This is one of the qualities Dürrenmatt most detests, as appears from many of his works. The nearest English word to *bieder* is 'worthy,' but *bieder* has more powerful undertones of stupidity and self-righteousness. Max Frisch's play *Herr Biedermann und die Brandstifter* (an English version, *The Fire Raisers*, had a successful run in London in 1962) satirises the same quality, which Swiss authors often recognise in their countrymen. Perhaps 'glowing with conscious virtue' is the best rendering for *leuchtend vor Biederkeit* here. Cp. also p. 123.
    Ehrenwort (*n.*) : 'Word of honour.'
    Geburt der Venus . . . Picasso : Botticelli's *Venus rising from the Sea* (painted about 1485) shows Venus rising naked from the waves on a shell, accompanied by two winds and welcomed by a nymph. The

choice of pictures is interesting. Nurse Kläri has pointed out that the management meets all wishes, "die frömmsten und die anderen." Botticelli's *Venus* evidently belongs to *die anderen*, not pious, pictures, because it depicts a naked woman; Picasso would probably also not be reckoned a 'pious' painter. What would Nurse Kläri regard as a 'pious' picture? Presumably Rembrandt's *Anatomy Lesson*, which suits her brochure on death (this page) and the views she expresses on p. 123. Bärlach's own choice of picture is characteristic.

Ritter, Tod und Teufel: A celebrated etching by Albrecht Dürer (about 1513) showing a mounted knight in armour riding past the gruesome figures of Death and the Devil and completely disregarding them in his devotion to his inner ideal. See illustration, p. 107.

Liechti: A local family. Hans Ulrich Liechti (died 1878) of Biglen founded a religious sect, the *Hansuelianer*, which was still flourishing in the Emmental early in this century. Compare Bärlach's remark about sectarians in the Emmental on p. 123. Nurse Kläri is shown to be the representative of a perverted sectarianism.

Walkringen: A village in the Emmental close to Biglen.

praktischer Leitfaden (*m.*): 'practical introduction, primer'; one is reminded that Emmenberger too has published *seltsame Traktate* (p. 47).

09. **Da wäre er nun aufgewacht:** 'He seems to have woken up'; cp. Stopp, *Manual of Modern German*, § 268 (*d*) 2.

mit welken, verschwollenen Zügen (*m.pl.*): 'with withered, puffy features.'

10. **Morphium** (*n.*): 'morphia.'

,Der Bund': See note to p. 79.

Ormond-Brasil (*f.*): A brand of strong cigar.

in den Ruhestand getreten: 'retired.'

11. **ohne ... das Gesicht zu verziehen:** 'without batting an eyelid.'

Ausbleiben (*n.*): *ausbleiben* = 'not to happen'; 'he undertood now why there had been no New Year bells.' The date is important because on January 1 he retires and thus ceases to have any official standing as a policeman.

leise, aber bestimmt: 'quietly but firmly.'

Ich glaube nicht, daß Sie etwas zu bestimmen haben: 'I don't think you have any say in the matter'; the remark is made by the doctor.

Insulinkur (*f.*): The injection of insulin in overdose produces coma. This is evidently what has been done to Bärlach. See note to p. 106.

Nehle ermordet und ohne Narkose operiert : Nehle is the object of *ermordet* only, not of *operiert*.

gewinnen : 'win over.'

112. **sind Sie mitschuldig :** 'you are an accomplice.'

113. **Geliebte** (*f.*) **:** 'mistress'; adjective used as noun; cp. note to p. 50 on *Kranker* (and *Geliebter*, p. 116).

Sie : 'You.'

Postkartenmaler (*m.*) **:** She means Hitler, who in his early days painted sentimental landscapes.

kitschig : 'tasteless'; cp. p. 118.

die Macht übernahm : 'assumed power'; the official phrase for the advent of the Nazi party to power in 1933 was *die Machtübernahme*.

114. **im luftleeren Raum** (*m.*) **:** 'in a vacuum.'

famos : Here 'famous' in an ironical sense. Contrast p. 62.

Pakt (*m.*) **:** The German-Russian non-aggression pact in 1939.

115. **Steg** (*m.*) **:** 'bridge' (usually a small footbridge).

Bug (*m.*) **:** The river Bug, which formed the frontier between the areas of Poland occupied by the Germans and the Russians respectively from 1939 until Hitler's attack on Russia in 1941.

Tartarus (*m.*) **:** In classical mythology a part of the underworld, not a river in it, as seems to be meant here.

Laßt jede Hoffnung fahren, die ihr mich durchschreitet : A rendering of the inscription above the entrance to Hell in Dante's *Inferno*, Canto III : *Lasciate ogni speranza, voi ch'entrate!* : 'Abandon hope, all ye who enter here!'

brav : 'worthy,' but without the undertones of *bieder*, p. 107. On p. 99 Bärlach and on p. 153 Gulliver use it of Hungertobel.

116. **Geliebter :** 'lover'; cp. *Geliebte*, p. 113. Both are adjectives used as nouns.

Schragen (*m.*) **:** See note to p. 62.

auf die Mathematik schwören : 'swear by mathematics.'

Wie wenn . . . : 'As if there were a means of determining men's fates (*Bestimmung über Menschen*) independent of the degree of power which an individual man possesses.'

117. **Scholle** (*f.*) **:** Here 'clod.'

c'est ça : 'that's it,' 'that's right.' Pronounce as in French.

118. **wenn's hochkommt :** 'at best.'

raffiniert : *Not* 'refined' (despite the contrast with *kitschig*) *but* 'cunningly, exquisitely, arranged.'

119. **Bankier** (*m.*) **:** Pronounce (bank'je).

Dreh (*m.*) **:** 'flick of the wrist.'

20. **röcheln** : 'to groan'; *das Röcheln* is the 'death-rattle,' but Bärlach is not dead yet.

21. **vielmehr** : A reinforcing particle. Do not translate.
   schlecht gelagert : 'badly stored.'
   am tödlichen Bewußtsein unserer ewigen Verlorenheit : 'the fatal realisation that we are eternally lost.'

22. **bestehen** : 'stand up to.' See notes to pp. 65 and 76.
   Kuvert (*n.*) : 'envelope'; pronounce (ˈkuveə). A Swiss word; the German term is *der Umschlag.*
   zugeschlagen : 'struck out, got his blow in first.'
   Kaffee und Brötchen : The normal continental breakfast.

23. **Wieso?** : 'Why? What do you mean?'
   das Ungeheuer an Biederkeit : 'the monster of conscious rectitude.'

24. **Matthäi am letzten** : 'the eleventh hour, last moment' (literally : 'the last chapter of St Matthew').

25. **wir mausten uns** : 'we made our modest way.'
   nicht sehr ins Gewicht fallend : 'not worthy of serious consideration.'
   Waffen (*f.pl.*) : The reference is to the very efficient Swiss Oerlikon anti-aircraft gun, which was used by both sides in the Second World War.
   uns Pestalozzis : The two words are in apposition. Johann Heinrich Pestalozzi of Zürich (1746–1827) was a great educator, and is frequently invoked, in bad senses as well as in good, when Swiss critics consider their fellow-countrymen as a nation of schoolmasters (as here).
   Todesurteil (*n.*) : 'death sentence'—an ironical touch; see p. 131.
   sich der Polizei stellen : 'to give oneself up to the police.'

26. **He!** : This time equivalent to English 'Hey'; but contrast note to p. 79.
   Polizeiposten (*m.*) : 'police station'; a Swiss usage.
   lassen Sie sich mit Stutz verbinden : 'get Stutz on the telephone.'
   ein hohles Kreuz machend : 'arching his back'; *das Kreuz* = 'the small of the back.'

27. **Ritter futsch** : 'Knight all gone'; child's language.
   der Taubstumme : 'deaf mute'; adjective used as a noun.
   ein Kreuz (*n.*) : The cross beside a name, as printed at the top of p. 128, is a sign that the person concerned is dead.

28. **Pfunde** (*n.pl.*) : The reference is to the parable of the talents, Luke xix. 12, and Matthew xxv. 14 ff; English usage generally quotes

Matthew, who refers to 'talents,' German goes back to Luke (Authorised Version : 'pounds,' Luther's Bible : *Pfunde*).

Asphaltliteraten (*m.pl.*) **:** *Asphaltliteratur* was the name given in the
1920's to avant-garde literature concerned largely with life in cities.
The implication was that it had no real roots. It was specially
applied to Expressionism. Whereas *Asphaltliteratur* refers to the work
of a smallish intellectual clique, *die Asphaltpresse* by contrast is applied
to papers with wide circulation and is approximately equivalent to
our 'gutter press.' Render *Asphaltliteraten* here by 'literary cliques' or
'boulevard literati.'

alles, was uns hoch und heilig ist: A typical unctuous cliché.

in der unteren Stadt : e.g., in the *Matte* (p. 41).

hochleben ließen : *Er lebe hoch!* is a standing formula for proposing
someone's health; render 'paid noisy tribute to him as a genius.'

129. **herostratisch :** Herostratus set fire to the temple of Artemis at
Ephesus in 356 B.C., to immortalise his name (*unter allen Umständen
einen Skandal zu erregen*); hence *herostratisch* designates crimes committed
out of a desire for fame.

Securitaswächter : *Securitas* is a Swiss firm which supplies 'watch-
men' to inspect premises regularly at night and when the owners are
away, in order to prevent burglaries. In Germany there are various
firms called *Wach- und Schließgesellschaften* which do the same sort of work.

erbrachen : From *erbrechen*, 'to break open.'

130. **verkrallten sich :** *die Kralle*, 'claw'; 'his hands clutched the bed
cover'; also p. 148.

Kleid (*n.*) **:** Usually 'woman's dress,' here 'suit.'

geckenhaft : 'dandyish.'

131. **Da wären . . . :** Cp. Stopp, *Manual of Modern German*, § 268 (*d*) 2; for
similar constructions see pp. 95, 109, 133.

pathetisch : 'emotional.' See note to p. 80 on *Pathos*.

gehört ihm : Here 'he deserves.'

Flügeltüre (*f.*) **:** 'double doors'; note that the German word is
singular.

132. **mein Herr :** The respectful address is ironical here as on p. 140.

ungebührlich viel : 'an unnecessary amount.'

133. **Da wäre Fortschig gewesen :** 'There is for instance the case of
Fortschig.' Cp. Stopp, *Manual of Modern German*, § 309.

Keßlergasse, Judenfriedhof, Bärenplatz : Localities in the old
part of Bern; Hungertobel is stated to live in the *Bärenplatz*. The
passing mention of the *Judenfriedhof* (7 lines below) by Emmenberger
has a certain sinister appropriateness.

umschnurrt : *schnurren :* 'to purr'; 'surrounded by purring cats.'

andächtig sitzenden Dichterfürsten : Ironical overstatement; 'the prince of poets seated in meditation.'

Autoheber (*m.*) : 'car jack,' but it seems more likely that Dürrenmatt has a 'tyre lever' (*Reifenheber, m.*) in mind.

Däumling (*m.*) : 'Tom Thumb' or 'Hop o' my Thumb,' a fairy tale figure. This unconscious reference by Emmenberger brings out the fairy tale aspect of the pair : Gulliver and the dwarf, *Riese* and *Zwerg*.

peinlich : 'embarrassing'; also pp. 40, 141.

Bärenplatz : See note above (p. 184) on *Keßlergasse*.

4. **gab sich keine Blöße** : 'did not give himself away.'

Sie kommen mir . . . auch gar nicht entgegen : 'You are not being at all helpful.'

5. **zappeln** : Here 'struggle.'

6. **saubere Facharbeit** (*f.*) : 'a neat professional job.'

Indizien (*n.pl.*) : 'evidence'; singular *das Indiz* or *Indizium*, p. 138.

7. **schickte sich** : 'resigned himself.'

einige energische Handgriffe meinerseits will ich verschweigen : 'I will say nothing about a couple of forceful manœuvres of my own'; compare note to p. 105 on *Handgriff*.

8. **halbverkohlt, vermodert** : Hamburg had been severely bombed during the war, especially the dock area.

für . . . die Hand ins Feuer legen : 'vouch absolutely for.'

9. **Die deutsche Polizei . . . suchen** : This remark exposes the whole curious situation : the City Police of Bern, to which Bärlach belonged, has no jurisdiction in the Canton of Zürich, where Emmenberger resides, and would not therefore be called upon by the German police to investigate Emmenberger. The Germans would normally apply through Interpol to the Swiss Federal Police, with which Bärlach has nothing to do. It becomes clear that Bärlach is operating entirely on his own.

Entlassung (*f.*) : 'dismissal,' an unkind and unjustified word in the circumstances, though it is used above, p. 37, as a chapter heading.

sich ungern geschlagen gibt : 'won't admit he is beaten.'

ahnungslos : 'innocent, unaware'; cp. note to p. 142.

40. **Da nehmen wir Ärzte einen freien Nachmittag** : In Switzerland doctors take Thursday afternoon off, according to a locally arranged rota.

Reichsgesetz (*n.*) : 'German Law.'

Heinrich Himmler : Head of the SS and the Gestapo and responsible for concentration and extermination camps. He was much concerned with the genetic purity of the German people and eagerly
promoted the extermination of Jews and mentally subnormal non-
Jews as well as of other opponents of the Nazi régime.

Knirps (*m.*) : 'pigmy, shrimp' (now also used for a 'folding umbrella').
gibt : 'provides.'

141. **Zeiger** (*m.pl.*) **:** *der Zeiger :* 'clock-hand'; *mit unerbittlichen Zeigern :*
'with inexorable hands.'

142. **sich treiben läßt :** See note to p. 93.
auf gut Glück hin : 'at random.'
stur : See note to p. 92.
Sie sind ahnungslos, daß . . . : 'They have no idea that'; cp.
note to p. 139.

143. **Ich hatte keine Ahnung, . . . Wortschwall** (*m.*) **fähig ist :** 'I had
no notion that a hangman was capable of such a rush of words.'
Ihr Kredo (*n.*) **herunterleiern :** 'reel off your creed.'
Ohnmacht (*f.*) **:** See note to p. 102.
was ist der Mensch? : A recurring question in Dürrenmatt's work
at decisive points. Compare Bärlach's paroxysm of pain in *Der
Richter und sein Henker,* in which he asks the same question.
ein unvorstellbares All (*n.*) **:** 'an inconceivable universe.'

144. **daneben :** 'in comparison with this.'
Kohle (*f.*) **:** 'carbon.'
das große Los : 'the big prize' (in a lottery), 'jackpot.'
das Gesetz der großen Zahl : 'the law of averages.'
Rappen (*m.*) **:** 'centime'; see note to p. 81 on *Weggli* and *Räppli.*

145. **Es gibt keine Gerechtigkeit . . . :** 'There is no such thing as
justice—how can matter be just?—there is only freedom, which cannot be earned (if it could be *earned* justice would have to exist), which
cannot be bestowed—who could bestow it?—but which one must
take for oneself.'

146. **Ich setze :** 'I stake.'
**übertrifft wie die Sonne an Licht einen armseligen Winter-
mond :** 'as the sun exceeds a miserable winter moon in light.'

147. **freilassen, was . . . :** *was* refers back to *freilassen :* 'I can let you go
free, which would mean death for me.'
eine mächtigere Position : 'a position of greater power.' It here
becomes apparent what Emmenberger really is : a power fanatic.
Punkt (*m.*) **des Archimedes :** 'Archimedean point.' The Greek

philosopher Archimedes is reported to have said : "Give me but one firm point on which to stand and I will move the earth."

48. einen lumpigen Witz (*m.*) : 'a mere jest.'
Zeigen Sie her! : 'Show me!'
der Sache zuliebe : 'for its own sake.'
leuchtende Bläue (*f.*) : It is as though Bärlach is alone in outer space. Dürrenmatt takes this up again on p. 150.

49. kaum daß sich sein Leib hob und senkte : 'his body hardly rose and fell (with his breathing).'
die sich einholten, deckten, die auseinanderstrebten : 'which caught up with one another, coincided, diverged.'
mit dem Oberkörper : Note the construction; English requires a direct object. Cp. also p. 150.

50. tickender Götze (*m.*) : 'a ticking idol'; *tickend* and *tackend* are obviously both derived from *Ticktack* (*m.*), the sound of the clock; *ticken* is the normal word, *tacken* is a nonce-formation.
leise Erschütterung (*f.*) : Here 'gentle vibration.'

51. aus dem gähnenden Schlund (*m.*) **dröhnte . . . ein Kinderlied entgegen** : 'from the yawning gap a nursery rhyme boomed . . .'
Hänschen klein . . . : A nursery rhyme, which Dürrenmatt has slightly adapted. The normal version runs :

> Hänschen klein
> Ging allein
> In die weite Welt hinein.
> Stock und Hut
> Stehn ihm gut;
> Er ist wohlgemut.

By altering *die weite Welt* into *den großen Wald* Dürrenmatt has produced the atmosphere of fairy tale and legend, where the dark forest is a dangerous and terrifying place into which children (e.g., Hansel and Gretel) and knights penetrate their peril. Gulliver clearly regards Bärlach as a combination of both, as appears from the following paragraph, in which he calls him a knight but carries him *wie ein Kind*. The nursery rhyme is an ironic parallel to the picture *Ritter, Tod und Teufel*, both of them symbolising Bärlach's expedition into a world of danger and evil—*ausgezogen, mit dem Geist das Böse zu bekämpfen*. Bärlach's Christian name is *Hans*.
trauriger Ritter ohne Furcht und Tadel : 'doleful knight without fear and without blemish.' Gulliver is here combining two references : the Knight of the Doleful Countenance (*el caballero de la triste figura*) is

Don Quixote, whom Bärlach admires (p. 81 : "Don Quijotes sollen wir alle sein"); the phrase *chevalier sans peur et sans reproche* was originally applied to the fifteenth-century French knight Bayard, but it has become such a cliché that no explicit reference can be intended. Gulliver's admiration for Bärlach comes out clearly in this combination, in spite (or because) of its irony. He comes back to the Knight image, without irony this time, in his farewell to Bärlach, p. 157.

Schragen (*m.*) **:** See note to p. 62.

Hergenommen : 'Worn out.'

152. **Krachen** (*m.*) **:** 'dark wooded gorge'; a Swiss word.

Feuerwasserleiche (*f.*) **:** Just as Gulliver makes an ironical combination of the two references to knights above, so he produces an ironical portmanteau-word to designate himself. *Feuerwasser* = 'firewater, spirits'; a *Wasserleiche* is a 'drowned corpse.' The resulting concept is something like a 'corpse preserved in spirit.'

gegen jede Medizin : 'contrary to all the rules of medicine.'

153. **stellen :** 'to bring to justice.'

die Zeit selbst hat dich ad absurdum geführt! : 'our times themselves have proved you wrong!'; a reference to the mode of reasoning much used in geometry called *reductio ad absurdum*.

brav : 'worthy'; see note to p. 115.

leibhaftig : 'in the flesh, in person'; a phrase used normally of ghosts or apparitions (Gulliver is officially *dead*!) and of the devil (*der Leibhaftige* = 'the devil').

Ohnmacht (*f.*) **:** 'faint'; contrast pp. 102 and 143.

SBB (*f.pl.*) **:** Abbreviation for *Schweizerische Bundesbahnen*, 'Swiss Federal Railways.'

sich in die Gewalt bekam : 'got control of himself.'

Zerlumptheit (*f.*) **:** *zerlumpt :* 'ragged, tattered.'

154. **Minotaurus** (*m.*) **:** The 'Minotaur,' the monster in King Minos's labyrinth in Crete.

Heinzelmännchen : 'gnome, friendly spirit.' See August Kopisch's poem *Die Heinzelmännchen* in *The Oxford Book of German Verse*, No. 299.

Alraunwurzel (*f.*) **:** 'mandrake root'; the mandrake is a plant, the root of which resembles the shape of the human body; it is also known as *Galgenmännlein*, which is probably why Gulliver applies it to the dwarf.

Argos (*m.*), **Odyß :** Argos was the name of Odysseus's dog, which recognised him when he returned from his wanderings in disguise (Homer's *Odyssey*, Book XVII).

Molch (*m.*) **:** 'salamander,' also used of a spiteful person.

Minos (*m.*) : One of the three judges of the underworld in Greek mythology, in life the King of Crete and owner of the Minotaur.

unschuldig : Presumably because he is not only deformed but also mentally subnormal and therefore not responsible for his actions.

der Jammer aller Kreatur : 'the misery of all created things.' Cp. Goethe, *Faust I* (Kerker) : "Der Menschheit ganzer Jammer faßt mich an." Note that *Kreatur* (*f.*) does *not* mean 'a creature' but is a collective noun meaning 'all created things' as in Romans viii. 22 : "Denn wir wissen, daß alle Kreatur sehnet mit uns und ängstet sich noch immerdar," where the Authorised Version has : "For we know that the whole creation groaneth and travaileth in pain together until now." This passage may be what Dürrenmatt has in mind here.

55. **pfeifend** : 'squealing.'

Was frägst du : See note to p. 54.

in wilden Zügen (*m.pl.*) : 'in huge draughts.'

Ahasver : See note to p. 57.

56. **diesen Spittel** : *der Spittel* is the Swiss form of German *das Spital*, with difference in gender.

Sisyphos : In Greek mythology Sisyphus was punished in the underworld for his misdeeds in life by being made to roll a huge stone uphill, which always rolled down as soon as he got it to the top.

bestehen : See notes to pp. 65, 76, 122.

winselnd und lallend : 'whining and babbling.'

SKELETON VOCABULARY

The numbers in brackets refer to pages in the text.

das **Aas,** carrion [117]; decaying carcass [148]

abdanken, to abdicate, retire [139]

sich abfinden mit, to resign oneself to [27]

die **Abhandlung,** treatise, paper [75]

abmontieren, to dismantle [126]

sich abspielen, to take place, happen [44]

abtasten, to explore with the fingers, feel all over [143]

die **Abtreibung,** abortion [136]

der **Adjunkt,** minor clerk [79]

die **Affenliebe,** uncritical and selfish love [82]

ahnungslos : *see notes to pp.* 37, 139, 142

der **Akkord,** chord [115]

die **Akten** (*sing.:* die **Akte**), documents [66]

das **All,** universe [143]

die **Alp,** alpine meadow [44]

altehrwürdig, venerable [59]

die **Altersgrenze,** retiring age [38]

anerkennend, appreciatively [47]

der **Anhaltspunkt,** point of departure, starting point [74]

anrechnen : jemandem etwas hoch anrechnen, to admire, respect someone for something [51]

der **Anschauungsunterricht,** object lesson [143]

sich anschicken, etwas zu tun, to set about doing something [32]

anspielen : auf etwas anspielen, to hint at, allude to something [52]

die **Anständigkeit,** decency [79]

sich anstecken, to catch an infection [64]

das **Antiquariat,** second-hand bookshop [41]

das **Antlitz,** face [37]

auf Antrag (+ *gen.*), at the request of [74]

die **Anweisung,** instruction [66]

das **Apfelmus,** strained stewed apples, apple purée [66]

arglos, innocent, without guile [138]

arisch, non-Jewish (*a Nazi term*) [52]

die **Armendirektion,** Assistance Board [40]

die **Atemnot,** breathlessness, difficulty in breathing [47]

auffallen, to be noticeable [33]

aufknüpfen, to string up [55]

aufkommen gegen, to stand up to, prevail against [54]

die **Auflehnung,** rebellion [120]

die **Aufnahme,** photograph [73]

aufpassen, to take care of oneself [28]

aufschrecken, to (jump up with a) start [44]

aufspüren, to track down [101]

das **Auge : große Augen**

machen, to be astonished [50]

die **Ausbeutung,** exploitation [113]

ausbleiben, not to happen [111]

auseinanderstreben, to diverge [149]

ausgedient, retired, time-expired [116]

ausgefallen, extraordinary [54, 142]

ausgekocht, thoroughgoing (*usually unfavourable*) [55, 102]

aushecken, to hatch, think up [55]

auskennen : sich in etwas (*dat.*) **auskennen,** to have a thorough knowledge of something [39]

der **Auslandberner,** Bernese living abroad [97]; cp. **Auslandschweizer** [96]

der **Auslandschweizer,** Swiss living abroad [96]

ausplaudern, to blab out (a secret) [50]

die **Ausrede,** excuse, evasion [34]

der **Aussatz,** leprosy [64]

aussöhnen, to reconcile [84]

austauschbar, interchangeable [144]

auswandern, to emigrate [47]

sich **auszeichnen,** to stand out, distinguish oneself [36, 75]

der **Autoheber,** car jack [133]; *see note to p.* 133

der **Bankert,** bastard child [61]

die **Baskenmütze,** beret [78]

die **Bauchspeicheldrüse,** pancreas [37]

bearbeiten (+ *acc.*), to get to work on [96]

bedenklich, serious, worried [66]

bedrohlich, menacing [109, 142]

bedrückt, depressed [74]

der **Befund,** result (of medical examination) [27]

beheben, to remove difficulties, dispel suspicion [103]

bei, approximately [104]

sich **bekehren,** to be converted [123]

Berndeutsch, Bernese dialect [97]

berüchtigt, notorious [128]

sich **berufen auf,** to invoke the authority of, shelter behind [42]

das **Beruhigungsmittel,** sedative [103]

beschwichtigen, to compose, pacify [102]

bestehen, to be, exist [62]; to hold one's own, stand fast [65, 156]; *contrast use with direct object on pp.* 76, 122

die **Bestie,** beast (*almost always in a metaphorical sense*) [30]

der **Besuch,** visit [77]; visitor [80, 103]

betäuben, to numb, stupefy [47]

der **Betreffende,** the man in question [30]

bettlägerig, bedridden [67]

die **Beziehung,** connection, relation [70]

die **Biederkeit :** *see notes to pp.* 107 *and* 123

das **Biest,** beast, creature [82]; *slightly comic; compare and* *contrast* **Tier** [27] *and* **Bestie** [30]

die **Bigotterie,** bigotry, mistaken piety [123]

das **Billett,** ticket; *see note to p.* 80

die **Blausäure,** prussic acid [73]
blechern, tin [81]
blenden, to blind, dazzle [106]

die **Blöße :** **sich eine Blöße geben,** to give oneself away, betray a secret inadvertently [134]

der **Bogen,** sheet (of paper) [77]; **einen Bogen machen um,** to give a wide berth to [35]
boshaft, malicious [72]

in Brand stecken, to light, set light to [37]

die **Brandnarbe,** scar from a scald or burn [72]
brav, worthy, good (*but without the undertones of* **bieder**) [99, 115, 153]

der **Brei,** paste [142]

die **Buße,** fine [75]; *see also note to p.* 75

der **Christ,** Christian [53]

die **Coniotomie,** tracheotomy [46]

dahinsiechen, to waste away [113]
daneben, beside; *on p.* 144, compared with this
daran sein, to be about to [39]
darauf aus sein, to be intent on [64]

der **Däumling,** Tom Thumb, Hop o' my Thumb [133]
dazumal, in those days [55]

sich decken, to coincide [149]

das **Dekret,** decree [75]

der **Denkzettel,** reprimand, sharp lesson [131]

das **Dessert,** dessert [66]; *pronounced as in French*

die **Diät,** diet [29]
dienstlich, on duty [35]

die **Dirne,** whore [62, 138]

der **Dorfarme,** village pauper [81]
dösen, to doze [34]

der **Dreck,** dirt [45]; *but see note to p.* 54
dressieren, to train [140]
düpieren, to dupe, deceive [103]
durchfallen (**bei**), to fail (examination) [74]
düster, dark, sombre [76]; obscure [74]

eben ! that's just it! [35]

das **Ehrenwort,** word of honour [107]
ei ! fancy that! [67]

die **Eingabe,** petition [75]
eingefügt, let into the wall [96]
eingehen auf, to meet (wishes), respond to [79, 107]
eingehend, thorough(ly) [46]

der **Eingriff,** operation [27]
Einhalt (*m.*) **gebieten,** to put a stop to [92]
einholen, to catch up [149]

sich einlassen mit, to get involved with [31]
einrücken, to be called up (for military service) [74]
einschüchtern, to intimidate [125]
einstecken, to jail, lock up [39]
einstehen für, to take responsibility for [81]

das **Eiserne Kreuz,** Iron Cross (*a German war decoration*) [74]

der **Ekel,** revulsion, nausea [109]

entgegenkommen, to meet (wishes), be helpful [134]

entgegenwanken, to totter towards [115]

die **Entlassung,** dismissal [37, 139]

entwürdigt, degraded [94, 122]

erbärmlich, miserable; pitiful [45, 78]

erbleichen, to turn pale [27]

der **Erbonkel,** rich uncle (from whom one has expectations) [33]; *see also note to p.* 33

erbrechen, to break open [129]

erpressen, to extort; to blackmail [115, 125]

erschießen, to shoot dead [64]

die **Erschütterung,** vibration [150]

die **Eselei,** half-baked idea [36]

die **Facharbeit,** professional job [136]

die **Fachzeitschrift,** specialist journal [35]

fahrlässig, negligent [125]

die **Falle,** trap [152]; (= **Türfalle**), doorhandle [150]

die **Falte,** wrinkle [37, 150]

famos, excellent [62]; *contrast p.* 114

die **Fassadenkletterei,** cat burglary [49]

die **Fassung: jemanden aus der Fassung bringen,** to shake, rattle someone [98]

fassungslos, shaken, outraged [37, 65]

faulig, decayed, rotten [44]

der **Feiertag,** festival in the liturgical year, public holiday [27]; *see also note to p.* 27

feilbieten, to offer for sale [81]

der **Feuerwehrmann,** fireman [82]

der **Finger: auf die Finger klopfen,** to rap over the knuckles [103]

fixfertig, all ready [61]

der **Flieder,** lilac; elder [52]

flüchtig (*adv.*), fleetingly, for a moment [69]

der **Flügel,** wing [106]

die **Flügeltüre,** double doors [131]; *note that the German word is singular*

die **Föhre,** fir-tree [44]

die **Folter,** torture [115]

fragwürdig, dubious [32]

frappant, striking [36]

freisprechen, to acquit [56]

der **Fuchsbau,** fox's earth [116]

die **Fuge,** joint [132]

futsch! all gone! [127]

gähnen, to yawn [151]

der **Galgenvogel,** gallowsbird [55]

die **Gastrolyse,** gastrolysis—an operation to remove growths in the stomach [76]

gebannt, spellbound [109, 116]

der **Gebärsaal,** labour ward [78]

die **Geburtenabteilung,** maternity wing [78]

geckenhaft, dandyish [130]

gehen: es geht um . . . , the subject is . . . [37]

geheuer: nicht geheuer, uncanny [106]

es gehört ihm, he deserves [131]
gelassen, calm, composed [56]
der, die **Geliebte,** lover, mistress [113]
die **Gerechtigkeit,** justice [55, 145]
gerissen, shrewd [39]
gescheit, clever, intelligent [66]; *see note to p.* 66
geschichtet, layered [46]
sich **geschlagen geben,** to admit defeat [139, 146]
geschürft, grazed [45]
das **Geschwür,** abscess, ulcer, malignant growth [44]; *see also note to p.* 44
gesetzwidrig, against the law [51]
das **Gesicht verziehen,** to give a start, to show one's feelings in one's face [38]
gewachsen sein (+ *dat.*), to be able to stand up to [48]
die **Gewalt : sich in die Gewalt bekommen,** to get control over oneself [153]
ins Gewicht fallen, to be important, worthy of consideration [125]
gewinnen, to win over [111]
der **Gischt,** spray [117]
das **Gitter,** bars, grating [94]
die **Glatze,** bald (patch on the) head [78]
sich **gleichen,** to look alike, resemble one another [71]
das **Glück : auf gut Glück hin,** at random, hit or miss [142, 147]
götzenhaft, like an idol or graven image [28]; *see also p.* 77
grauenhaft, horrifying [46]
greisenhaft, senile [157]

der **Grießbrei,** (very liquid) semolina pudding [66]
die **Grobheit,** rudeness [107]
grölen, to bawl [65]

die **Haferschleimsuppe,** gruel [29]
der **Häftling,** prisoner [27]
die **Hand ins Feuer legen für,** to vouch absolutely for [138]
der **Handgriff,** manual adjustment [105]; manœuvre [137]; handle
he ! (*Swiss interjection*), why! [79]; hey! [126]
der **Hebel,** lever [121, 131]
heikel, difficult, delicate, tricky [139]
der **Heiland,** Saviour [59]
heillos, infamous [79, 85]
heiter, serene, calm [104]
hemmungslos, uninhibited [138]
herumdoktern, to go around doctoring [75]
herumfuchteln, to wave wildly about [78]
herumkommen : um etwas herumkommen, to be able to avoid (doing) something [38]
herunterleiern, to reel off [143]
die **Herzattacke,** heart attack [27]
herzen, to embrace, caress [154]
hetzen, to chase, pursue [45]; *see also note to p.* 60
hinter : hinter etwas kommen, to get wind of something [66]; **sich hinter etwas machen,** to get down to doing something [65]

hochgebettet, with his feet up [91]

hochkommen: wenn's hochkommt, at best [118]

hochleben lassen, to drink to the health of [128]

hochtrabend, highfaluting [125]

die **Höllenfahrt,** descent into hell [148]

hundsgemein, mean, vulgar [52]

imponieren (+ *dat.*), to impress [102]

das **Indiz** *or* **Indizium** (*pl.* **Indizien**), evidence [136, 138]

der **Infanterist,** infantryman [74]

die **Injektionsspritze,** hypodermic syringe [101]

innehalten, to stop (*usually* to stop speaking) [33]

das **Inserat,** advertisement (in a newspaper) [50]

der **Jammer,** misery [64, 154]

der **Kaftan,** kaftan—a long coat worn by Eastern Jews [49]

die **Kalkgrube,** quicklime pit [52]; *see note to p.* 52

der **Kännel,** drainpipe (from the gutter) [51]

die **Kapsel,** capsule [73]; *see also note to p.* 73

die **Karbolsäure,** carbolic acid [60]; *see also* **Phenol** [60]

das **Kartenhaus,** house of cards [81]

der **Kartoffelschnaps,** hard liquor made from potatoes [153]; *cp.* **Schnaps** [50]

der **Kehlkopf,** larynx [46]

der **Kehrreim,** refrain, burden [31]

der **Kiesel,** pebble [46]

kinderleicht, easy as pie [69, 148]

kitschig, tasteless [113]; *cp. p.* 118

klapprig, rickety, dilapidated [124]

das **Kleid,** suit [130] (*usually woman's dress*)

kleinlaut, subdued, meek, dejected [84]

die **Klinik,** private nursing home [31, 32]

der **Knirps,** little fellow, pygmy, shrimp [140]; *also* folding umbrella

die **Kohle,** carbon [144]

kombinieren, to make deductions, conjectures [41]

das **Kommando,** fatigue party [52]; *see note to p.* 52

der **Kommissar,** commissar—*see note to p.* 51

der **Kommissär,** Superintendent of police—*see note to p.* 27

die **Kontrolle,** observation [104]

Korinther, (St Paul's Epistle to the) Corinthians [61]

das **Korrektionshaus,** penitentiary [74]

kostspielig, expensive [56, 95]

der **Krachen,** wooded gorge [152] (*Swiss term*)

krächzen, to croak, squawk [80]

die **Krankenschwester,** nurse [78]; *see also* **Schwester** [28] *and* **Lehrschwester** [79]

die **Kreatur,** all created things [154]

der **Krebs,** cancer [65]

krepieren, to die (miserably) [61, 92]; *see note to p.* 61

das **Kreuz,** the small of the back [126]

die **Kugel,** sphere [143]

der **Kugelschreiber,** ball-point pen [80]

kunstgerecht, skilful [56]

der **Kunstgriff,** trick [72, 130]

das **Künstlerpech,** artist's bad luck [71]

das **Kuvert,** envelope [122]; *see note to p.* 122

lädiert, shop-soiled [82]

der **Lagerarzt,** camp doctor [27, 60]

das **Laster,** vice [56]

lebensunwert, unfit to live [140]

der **Lehrsatz,** doctrine [114]

die **Lehrschwester,** probationer [79]; *see also* **Schwester** [28] *and* **Krankenschwester** [78]

leibhaftig, in the flesh, in person [153]; *see also note to p.* 153

es leicht nehmen, to take an easy line [37]

der **Leistenbruch,** hernia [48]

der **Leitfaden,** primer [107]

der **Lichtkegel,** beam (of light) [105]; *cp.* der **Kegel,** cone

der **Lichtschacht,** light-shaft [129]

ein Lied singen, to expatiate, go on for some time [82]; *see also* **ein anderes Lied singen,** *p.* 41

der **Lindenblütentee,** lime (-blossom) tea [29]

linkisch, awkward, clumsy [45]

das **Literaturblatt,** literary supplement [79]

das **Los,** lot, ticket, number (in a lottery) [144]; **das große Los,** the big prize in a lottery [144]

losbringen : etwas (*acc.*) **losbringen,** to get rid of something [31]

lumpig, wretched, mere [148]

die **Macht übernehmen,** to take over, assume power [113]

mächtig, powerful, mighty [50]; large, impressive [49]

die **Magenresektion,** removal of a segment of the stomach [63]

das **Mal,** mark, scar [61]; *see also note to p.* 61

manierlich, well-mannered [82]

die **Mappe,** folder [76]

Matthäi am letzten, the eleventh hour [124]

die **Maturität,** school-leaving certificate [74]

der **Mauervorsprung,** piece of wall jutting out [51]

sich mausen, to make one's modest way [125]

der **Mediziner,** medical man; medical student [44]

der **Medizingehilfe,** laboratory assistant, medical orderly [74]

sich melden, to (take off the telephone receiver and) give one's name [42]

der **Metallschirm,** metal screen, metal shutter [132]

das **Metier,** profession, trade [60]

die **Milchstraße,** the Milky Way [144]

mitschuldig, implicated (in a crime) [112]

montieren, to set up [107]

das **Morgenessen,** breakfast [34]; *see note to p.* 34

das **Morphium,** morphia (110)

die **Mulde,** hollow (in the ground) [44]

nachhängen (+ *dat.*), to give oneself over to (something) [54]

nachkommen (+ *dat.*), to act in accordance with [99]

nachrücken, to move up, be promoted [38]

nachträglich, after the event [44]

die **Narkose,** anaesthetic [27]

der **Naturarzt,** nature healer [74]

der **Naturbursche,** hearty type [137]

der **Nekrolog,** obituary [156]

nervös, jumpy, nervy [28]

nobel, fine [37]; grand [97]

der **Notar,** lawyer, solicitor (*no precise British equivalent*) [77]

notdürftig, scanty [98]

die **Notoperation,** emergency operation [46, 74]

nüchtern, sober [48]; *see also note to p.* 73

nun, nun, come, come [80]

offen gestanden, frankly [43]; *cp.* **offen gesagt** [48]

die **Ohnmacht,** unconsciousness, faint [153]; powerlessness [102, 122, 143]

der **Operationskittel,** surgeon's coat [64]

die **Operationsnarbe,** scar from an operation [32]

die **Palette : etwas auf der**

Palette haben, to have intelligence [80]; *literally,* to have paint on one's palette

pathetisch, emotional [131]; *see note to p.* 80 *on* **Pathos**

das **Pathos,** emotion [80]

peinlich, embarrassing [40, 133, 141]; *see also note to p.* 54

pensionert, retired, superannuated [40]

perfid, treacherous, mean [54]

pfeifen, to whistle; to squeal [155]

pflichtgemäß, dutifully [56]

die **Phantasie,** imagination [39, 67]

das **Phenol,** phenol [60]; *see also* **Karbolsäure** [60]

plappern, to babble [151]

plärren, to wail, whimper [119]

der **Polizeiposten,** police station [126]; *see note to p.* 126

prallen, to crash [78]

die **Praxis,** (medical) practice [47]

die **Presseorientierung,** press conference [129]

die **Pritsche,** wooden plank, bed; (*pl.*) bunks [45]

die **Prognose,** prognosis [99]

promille, per thousand [62]

prosit ! your health! [53]

der **Punkt des Archimedes,** the Archimedean point [147]; *see note to p.* 147

quergestellt, oblique [46]

raffiniert, cunningly, exquisitely, arranged [118]

der **Rappen,** Swiss centime [144]

ratlos, helpless [46]

räudig, mangy [154]

der **Raum : der luftleere Raum,** vacuum [114]

raunen, to whisper [81]

der **Rausch,** intoxication [73]

recht : es ist mir nicht recht, I don't like it [42]

der **Regierungsrat,** cantonal cabinet (or one of its members) [83]

die **Reichspost,** German postal service; *see note to p.* 52

rentieren, to be worth while [39]

richten, to judge [56]

der **Ringknorpel,** cricoid cartilage (of the larynx) [46]

ritzen, to engrave [106]

röcheln, to give the death-rattle [120]

der **Rolladen,** roller shutters [49]

das **Rollbett,** truckle-bed [96]

der **Rollwagen,** trolley [95]; *cp.* das **Rollbett** [96]

rückfällig werden, to relapse [75]

ruckweise, convulsively [46]

der **Ruhestand : in den Ruhestand treten,** to retire [110]

sagenhaft, legendary [54]

salbungsvoll, unctuous [128]

die **Sanität,** medical corps [74]

sauber, well done, neatly done [136]

der **Schacht,** shaft [121]

das **Schaltbrett,** switchboard [103]

das **Schaltpult,** control desk, switch desk [98]

schänden, to ill-treat shamefully [52]

schaudervoll, frightful [79]

die **Scheibe,** window-pane, car-window [91]; *cp.* **Wagenscheibe** [94]

scheinbar, apparently (not in reality) [66, 106]

die **Scheinoperation,** simulated, faked, operation [73]

schemenhaft, ghostly, shadowy, unreal [49, 91, 109, 151]

das **Scheusal,** horrifying brute [43]

schicken : sich in etwas schicken, to resign oneself to something [137]

der **Schieber,** shark, share-pusher [119]

schinden, to flay; to torture; *see note to p.* 44 *on* **Schinderhütte**

das **Schinderbrett,** flayer's bench; torturer's bench [62]

der **Schlaganfall,** heart attack; *see note to p.* 27 *on* **Herzattacke**

schlittern, to slither [78]

schlottern, to tremble, shake [114]

der **Schlufi,** loafer [81] (*Swiss term*)

der **Schlund,** gullet; abyss [151]

die **Schmeißfliege,** bluebottle, carrion-fly [60]

der **Schnaps,** spirits, hard liquor [50]; *cp.* **Kartoffelschnaps** [153]

der **Schnitt,** incision [46]

schnurren, to purr; *see note to p.* 133 *on* **umschnurrt**

die **Scholle,** clod [117]

sich schonen, to take it easy [38]; *see note to p.* 38

der **Schönheitsfehler,** flaw [56]

schräg, oblique, slanting [57]

der **Schragen,** bench, trestle, butcher's chopping-board;

torturer's bench [62, 116, 151]

schürfen, to graze (of wounds) [46]

die **Schurkerei,** knavish trick [58]

der **Schwamm,** fungus [44]

der **Schwerkranke,** patient on the danger list [78]; see also note to p. 50

die **Schwester,** nurse [28]; see also **Krankenschwester** [78] and **Lehrschwester** [79]

schwören: auf etwas schwören, to swear by something, have absolute confidence in something [116]

der **Sektierer,** sectarian [123]

setzen, to stake [146]

das **Silvester,** New Year's Eve—a day of parties and festivities [77]

der **Sinn: keinen Sinn haben,** to be no use [77]

sittlich, moral [60]

der **Sockel,** pedestal [97]

solid, reliable [53]; properly conducted [57]; see also notes to pp. 53, 57

die **Spalte,** column in a newspaper [80]

der **Spektakel: einen Spektakel veranstalten,** to make a (noisy) fuss [50]

der **Spinnbruder,** loony, mental defective [81]

der **Spittel,** hospital [156]; see note to p. 156

der **Spitzname,** nickname [33]; see also der **Übername** [33]

der **Spleen,** strange, odd idea [40]

die **Sprache: die alten Sprachen,** classical languages

(Latin and Greek) [74];

mit der Sprache heraus müssen, to be obliged to say [38]

der **Spuk,** apparition; unreality [64]

das **Staatsdiplom,** state diploma [75]

die **Staatsstraße,** royal road [63]

der **Steg,** small footbridge [115]

stehen: es steht schlimm um ihn, he is in a bad way [27, 138]

stellen, to bring to book, bring to justice [153]; **sich stellen,** to give oneself up [125]

der **Stellvertreter,** locum, deputy [31]

die **Stellvertretung,** locum post [39, 47]

stieren, to stare [117]

die **Stirnhöhleneiterung,** sinusitis, inflammation of the (frontal) sinuses [71]

stockschwerhörig, deaf as a post [85]

störrisch, unruly, stubborn [124]

der **Stoß,** pile (of papers) [28]

der **Strafvollzug,** execution of sentence [56]; see also note to p. 56

der **Strudel,** whirlpool, vortex [63]

das **Stück,** head (of cattle) [52]

stur, obstinate, stupid, soulless [92, 142]

sturm, confused, numb, dumb, dizzy [83]

stutzen, to stop short, be taken aback [69]

stutzig, taken aback [123]

der **Süffel,** drinker, drunkard [67]

der **Sündenfall,** fall from grace [57]

die **Tabelle,** table, graph [55]; temperature and pulse chart [28, 37]

die **Tatze,** paw [61]; *see also note to p.* 61

taubstumm, deaf and dumb [127]

das **Tausendstel** (*in Swiss* der), thousandth (part) [62, 81]

das **Theaterklatsch,** theatre gossip [80]

das **Todesurteil,** death sentence [125, 131]

das **Traktat,** tract, pamphlet [47]

das **Trambillett,** tram ticket [80]; *see also note to p.* 80

trauen, to trust [66]; *see note to p.* 66

sich treiben lassen, to let oneself drift [93, 142]

treuherzig, ingenuous, unsuspecting [137]

der **Trotz,** defiance, courage in spite of everything [65]

die **Tube,** vial [101]

sich tummeln, to disport oneself [32]

tun: es tut nicht gut, it is a bad idea [30]

übermütig, high-spirited, arrogant [60]

der **Übername,** nickname [33]; *see also* der **Spitzname** [33]

der **Überschlag,** somersault [153]

überschwenglich, extravagant [78]

übertreiben, to go too far, exaggerate [74, 76]

übrig: nicht viel übrig haben für, not to care very much for [52]

der **Umschlag,** cold compress, fomentation [46]; *see also note to p.* 122 *on* **Kuvert**

umsonst, in vain [67]

unbehelligt, undisturbed [56]

unberührt, unmoved [111]

unehelich, illegitimate [74]

unentwirrbar, inextricably [44]

unerbittlich, inexorable [34, 141]

ungebührlich, not fitting, not suitable; unnecessary [132]

das **Ungeheuer,** monster [81, 113, 123]; huge creature [58]

ungerecht, unfair [43]

unmotiviert, for no apparent reason [78]

unrentabel, unprofitable [125]

unschicklich, unsuitable, improper [40, 141]

unselig, unfortunate [128]

unstet, unsettled [74]

unterbrechen, to interrupt; *see also note to p.* 96 *on* **unterbrochen**

unterschlagen, to suppress, omit [55]

untersuchen, to examine (medically) [95]

die **Untersuchung,** medical examination [28]

der **Untersuchungsrichter:** *see note to p.* 27

unverbesserlich, incorrigible [42]

unverblümt, frankly [108]

unvermittelt, sudden, abrupt [98]

unvoreingenommen, without prejudice, objective [99, 135]

unvorstellbar, inconceivable [143]

sich verbinden lassen mit, to get (someone) on the telephone [126]

verbrannt, burnt out [150]

verdammen, to condemn [56]

verenden, to die miserably [145]

verflixt ! damn it all! [66]

vergittert, barred [93, 109]

das **Verhör,** interrogation [95]

verhören, to interrogate [100]

die **Verkehrspolizei,** traffic police [78]

verkommen, to go to the bad, to be demoralised [80]

sich verkrallen in, to clutch [130, 148]

verlottert, dishevelled, gone to rack and ruin [152]

vermachen, to bequeath [33]

das **Vermögen,** fortune, wealth, property [33]

vernehmen, to hear, learn [136]; to examine legally [95]

das **Vernichtungslager,** extermination camp [59]

verschicken, to send out, distribute [86]

verschimmelt, mildewed [59, 80]

verschonen, to spare [100]

verschränken, to fold [29]

sich verschreiben (+ *dat.*), to dedicate oneself to [81]

verschweigen, to say nothing about, to keep (something) dark [94]

verschwollen, bloated, puffy [109]

versponnen, dreamy, enclosed (as in a cocoon) [57]

sich verstellen, to pretend [95]

versuchen, to tempt [100]

versündigen : sich an jemandem versündigen, to do wrong to someone [80]

vertieft, immersed [66]

verunglücken, to have an accident [45]

verwachsen, deformed [154]

verwahrlost, unkempt [126]

die **Verwechslung,** mistake, confusion [43]

verwesen, to decay [121, 150]

die **Visite,** doctor's round [27]

die **Volksschule,** primary school [74]

der **Vordermann,** man in front, the next ahead [61]

der **Vorfall,** case, event, incident [43]

vorgehen, to proceed [155]

vorspringen, to jut out [45]; *cp.* **Mauervorsprung** [51]

vortäuschen, to simulate [130]

vorwurfsvoll, reproachful(ly) [66]

der **Wattebüschel,** ball of cotton wool [132]

des weiteren, further [77]

welk, faded, withered [109]

das **Weltall,** universe, outer space [93]

wettern, to thunder, curse [50]

widerlich, revolting [119]

widerwärtig, unpleasant [43]

wieso? why? what do you mean? [123]

windschief, lopsided [137]

winseln, to whine [84]

wirken, to take effect [73]

der **Wirt,** innkeeper [45]

das **Wissen : seines Wissens,** as far as he knew [99]

der **Wissenschaftler,** scholar [32, 135]

sich wölben, to curve, arch [96]

wollen, to be about to; *see note to p.* 27

der **Wortschwall,** rush of words [143]

das **Wrack,** wreck [63]

wunder: es nimmt mich wunder, I wonder [54]

der **Wunderdoktor,** quack doctor [75]

zappeln, to struggle [135]

der **Zeiger,** clock hand [141]

die **Zeitschrift,** magazine, learned journal [27, 35]

die **Zeitung,** newspaper (daily or weekly) [35]

zeitweilig, at times, intermittently [38]

zerbröckeln, to crumble [137]

zerfetzt, tattered [52, 151]

zerschlagen, battered, shattered [49]

zerschlissen, worn out, torn [83, 118]

das **Zivilgesetzbuch,** civil code [56]

der **Zug: in wilden Zügen,** in huge draughts [155]

zulässig, permissible [68]

zuliebe: der zuliebe, for the sake of which [59]; **der Sache zuliebe,** for its own sake [148]

zuschlagen, to strike out [122]

zusehends, noticeably [46]

zwingend, compelling [68]

die **Zwischenverpflegung,** snack between meals [152